経営計数が分かれば会社は伸びる

吉村 威
Yoshimura Takeshi

海鳥社

はじめに

　スポーツの人気は、スコアが分かることにあります。スポーツのルールを知らないと，スコアも分からず，面白くありません。企業においても全く同じです。スコア（成果）は結果です。的確な判断と果敢な行動がなければ，充分な成果は得られません。また，活動の巧拙によって，企業価値や事業価値が創造されたり，破壊されたりします。一人ひとりが，成果を生むための基本的なルールを知ってはじめて，経営というゲームに参加できます。仕事の中に生き甲斐を感じ，仕事を楽しみながら自己を成長させていく。企業を自己実現の場とすることです。企業としても，有能な人材に恵まれ，活性化されることになります。

　本書の目的は，ビジネスに携わる人々に，的確な判断力を身につけてもらうため，経営という視点から基本的なルール（計数の仕組み）を分かりやすく紹介することにあります。

　タイトルの「経営計数」は，限られたヒト，モノ，カネの経営資源をいかに効率的に使うかを考えながら意思決定をし，行動するために，経営の視点から取り上げた計数のことです。この「経営計数」は，マネジメントに関わっていない一般社員をも対象としています。それは，これからのビジネスマンに求められるのが「自立意識」と「仕事のプロ」であるからです。今はマネジメントに関わっていなくとも，備えあれば憂いなしで，チャンスが到来したとき，迷いなく手を挙げることができます。チャンスは自分から勝ち取るもので，逃してはいけません。

　本書の特長は次の2つです。
① 計数アレルギーを持つ読者でも，興味を持ってもらうテキストであること。そのために，簿記・経理中心ではなく，ビジネスに必要

な基本的考え方と計数に重点をおきながら，ビジネスの現場で起こっている出来事に関連した新聞，雑誌等の記事を随所に取り入れ，読み物風にしていること。

　また，複雑にならないよう，細かいこと，特殊なことはできるだけカットし，理解を深めてもらうため最低限必要な事項を，章の末尾に（補説）として紹介していること（補説の中でも，主として上場企業向けのものは，補説＊と明記している。なお，借入，増資などの資本調達そのものについては，触れていません。ここでは，調達した資金をいかに正しく使うかという点にポイントをおいているからです）。

② ビジネスマン一人ひとりが，経営的視点から成果を「利益」と「資金」の両面からとらえ，日常の判断と行動に活かせるよう工夫していること（キャッシュフロー経営時代の要請でもあります）。

　上の２つのテーマは，著者が1973年12月，田辺経営（現在タナベ経営）に入社し，経営コンサルタントとして歩みだして以来，ずっと脳裏を離れることがありませんでした。ついに，この中の1つは，1984年10月，「利益」と「資金」を組み込んだコンピュータ会計システム「MAC」（部門別課別業績管理表）として誕生しました。

　MAC誕生の前年6月，著者は川口屋（ユニックを経て現在アトル）に入社。翌年春には，幸運にも２人の若き共鳴者，秋本広幸氏（コンピュータが分かる経理のプロ），下川良彦氏（経理が分かるコンピュータのプロ）と自前の管理会計システムの構築に着手することになりました。このシステムが半年という異例の速さで完成したのは，両氏の能力とロマンにかける情熱のおかげです。その後，下川良彦氏は独立，現在キャムの責任者として「MACS」（MAC改良版：マネジメント・アカウンティング・キャッシュフロー・システム）を有力な企業に紹介しながら，

企業にフィットしたコンピュータシステム構築のコンサルティング活動をはじめています。

　本書は，著者が2つのテーマを念頭におきながら，25年にわたり，研修担当の都度作成してきたテキストを全面的に見直し，編成したものです。さらに，消費税を取り込んだ資金分析を「第3章 経常収支のバランス」の中に追加しました。この部分は，実務上，運転資金構造を分析する場合に必要なツールとなります。あくまでも私案です。諸賢のご指摘を仰ぎたいと思っています。

　なおこの本は，大企業，中堅企業ばかりでなく中小企業のビジネスマンや幹部の方にも役立てることを目指しています。規模の大小はあっても，経営に対する考え方は同じだからです。

　今，この書をまとめながら，素晴らしい出会いの連続に感激しています。特に，「MAC」は先にあげた両氏の助けがなければ世に出ることはなかったでしょう。

　また，コンサルタント時代に，いろいろな業種，業態の企業と多くの優秀な経営者，幹部の方々に出会ったばかりでなく，田辺昇一先生（当時田辺経営社長）には経営の定性的見方，田原敏男先生（当時田辺経営専務）には物事の本質的見方をご指導いただいたこと，さらに，ゼネラルアサヒの松岡弘則会長には，25年前から今日まで，会社の中での社員の生き甲斐について度々貴重な話を頂戴したことなど，大変素晴らしい機会をいただきました。ここに感謝の意を表します。

　最後に，本書の出版にあたって，海鳥社の西俊明社長と杉本雅子氏には編集の面で有益なアドバイスをいただきました。厚くお礼を申し上げます。

　2000年3月

　　　　　　　　　　　　　　　　　　　　　　　　吉村　　威

経営計数が分かれば会社が伸びる

目　　　次

はじめに

第 1 章 経営活動とその成果

経営活動と利益マインド …………………………………………21
経営活動と成果の関係 ……………………………………………23
スコアブックとしての財務諸表 …………………………………24
 スコア 24
 利益の 5 段階表示 26
経営活動とバランスシート ………………………………………27
成果の評価 …………………………………………………………29
 財務諸表と経営情報 29
 投資収益率（ROI） 31
 資産利益率（ROA） 31
 ROA の計算事例 32
 ROA をみるポイント 33
 業績の真の尺度はキャッシュフロー 34
思考の 3 原則と定性的見方 ………………………………………35
 思考の 3 原則 35
 定性的見方 35
 〈事例研究 1〉旭化成工業にみる事業部別 BS 導入の成功事例 37
 〈事例研究 2〉資生堂会長の定性分析と経営判断 37
 ［補説 1 ＊］株主資本利益率（ROE） 38
 〈事例研究 3〉事例でみる ROE と ROA の関係 43
 ［補説 2 ＊］EVA（経済付加価値） 44

第2章 損益のバランス

利益図（経常利益図） ……………………………………………… 46
- 変動費と固定費　46
- 変動利益（限界利益）　47

固定費と変動利益のバランス ……………………………………… 49
- 損益分岐点比率と損益分岐点　49
- 損益分岐点比率と経営安全率　52
- 本業の実力「営業利益」をみる　54
- 変動利益率と固定費率の傾向分析　56
- 〈事例研究4〉医薬品卸大手4社の損益分岐点比率傾向分析　56
- 〈事例研究5〉地下鉄サリン事件と利益図　58
- 〈事例研究6〉脅迫事件と赤字転落　60

損益分岐点比率の経営的意味 ……………………………………… 61
- ［補説3］固変分解　61
- ［補説4］製造業の変動費　62
- ［補説5］損益分岐点比率は傾向を示す　63
- ［補説6］幻の分岐点　64
- ［補説7］数量ベースの分岐点　65
- ［補説8］伊藤忠商事，営業部門に新経営指標（経費／利益）を導入　66
- 演習問題　67

第3章 経常収支（運転資金）のバランス

資金の流れ ………………………………………………………… 69
経常収支分析 ……………………………………………………… 71
- 経常損益と経常収支　71

経常収支差額　75
　　〈事例研究7〉和議申請会社の綱渡り経営　77
　　〈事例研究8〉不安定な運転資金の構造　78

営業資金と回転期間 …………………………………………79
　　営業資金とB／S　79
　　回転期間　79
　　回転期間の計算　80
　　回転速度のバランス　81
　　売掛金残高の分解　82
　　〈事例研究9〉月次決算報告における資金分析　84
　　回転差資金　85

経常収支比率 ……………………………………………………86
　　資金移動表　86
　　経常収支比率の意味と見方　88
　　月次の経常収支比率　88
　　〈事例研究10〉興人の倒産　89
　　経常収支比率はどれくらいあればよいのか　90

経常収支図と分岐点 ……………………………………………91
　　経常収支図　91
　　収支分岐点の計算式　92
　　経常収支図の作成　93
　　経常収支4つのパターン　98
　　収支分岐点が損益分岐点より高い場合　100
　　〈事例研究11〉経常収支分析表を利用した資金対策　101

部門別業績のつかみ方 …………………………………………111
　　共通費の考え方　111

部門別月次業績管理表　113
　　［補説 9 ］いわゆる運転資金について　115
　　［補説10］売掛金増減分析　116
　　［補説11］売上債権と仕入債務の回転月数分析　116
　　［補説12］営業資金増減要因の計算　117
　　［補説13］収支分岐点算出上の留意点　119
　　［補説14］目標収支分岐点の計算　120
　　［補説15］製品別資金効率の検討　121
　　［補説16］消費税と資金分析　123
　　［補説17］実務上の経常収支要因分析その他項目　126
　　［補説18］営業資金残高の調整　128
　演習問題　129

第4章 キャッシュフロー計算書

どうしてキャッシュフローなのか　………………………………131
キャッシュフロー計算書の様式　……………………………………131
　キャッシュフロー計算書とは　131
　営業活動によるキャッシュフローの説明　132
　直接法によるキャッシュフロー計算書　133
フリー・キャッシュフロー　……………………………………………135
キャッシュフロー計算書の利用とキャッシュフロー経営　………136

第5章 利益計画と直接原価計算

伝統的原価計算　…………………………………………………………137
直接原価計算　……………………………………………………………139
　直接原価計算の登場　139

直接原価計算の仕組みと業績把握　140
　　〈事例研究12〉直接原価計算方式への簡便切り替え　141
利益計画と直接原価計算　…………………………………………145
　　演習問題　147

第6章　業務執行の意思決定計数

意思決定のための計数　……………………………………………148
意思決定のプロセスと計数　………………………………………149
　　意思決定のプロセスと優先順位　149
　　意思決定に使用する原価の概要　149
　　企業会計と行動会計　150
機会原価と機会損失　………………………………………………151
　　機会損失の計算　151
　　機会思考　152
戦術的問題と意思決定計数　………………………………………154
　　手付金支払後の損得計算　154
　　新製品の生産続行か中止か　156
　　帳簿価額にとらわれると判断を誤る　157
　　どの製品が儲かるか　159
　　赤字の受注　161
　　外注は得するか　163
　　手不足工場での採算計算　164
　　利益を最大にする製品組合わせ　165

第7章 戦略的投資の意思決定計数

将来のキャッシュフローと現在価値 ……………………169
将来のキャッシュフローと時間換算　169
キャッシュフローの流列　170
年価への換算　173

投資評価のための正味現在価値(NPV)法 ……………………175

投資評価のための内部利益率(IRR)法 ……………………177

回収期間法 ……………………179

資本コスト ……………………179
資本コストの意味　179
株主資本コスト　180

投資経済計算上の留意点 ……………………181
〈事例研究13〉ロイヤル社長の意思決定　183
〈事例研究14〉投資プロジェクトの経済計算事例　184
［補説19］キャッシュフロー期末発生の仮定　187
演習問題　187
付表　188
演習問題解答　191
おもな参考文献　198

＊　EVA®はスターン・スチュワート社の登録商標です。
　なお、本文では®マークを省略しました。

図表目次

第1章

図表1－1　利益の5段階表示　26
図表1－2　開始Ｂ／Ｓ　27
図表1－3　1期末Ｂ／Ｓ　28
図表1－4　Ｂ／Ｓの基本形　28
図表1－5　正味営業用資産と資本調達のＢ／Ｓ　32
図表1－6　資産効率計算用のＰ／Ｌ，Ｂ／Ｓ　33
図表1－7　定量分析・定性分析比較表　36
図表1－8　一部借入資本がある場合のROAとROE　41
図表1－9　借入資本ゼロのときのROAとROE　42
図表1－10　医薬品卸売業7社と京セラのROE分解（1998年3月期）　44
図表1－11　業績指標の比較　45

第2章

図表2－1　利益図　47
図表2－2　変動利益図　48
図表2－3　固定費と変動利益の関連図　49
図表2－4　例題利益図　52
図表2－5　損益分岐点比率判定表　53
図表2－6　赤字会社の利益図　54
図表2－7　製品別変動利益表　55
図表2－8　製品別変動利益積み上げ図　55
図表2－9　医薬品卸大手4社の損益分岐点比率の比較　57
図表2－10　医薬品卸大手4社のｆとｍの傾向グラフ　57
図表2－11　松屋の定量分析，定性分析　58

図表2－12　松屋の前年対比利益図　59
図表2－13　森永製菓の脅迫期間中の推定利益図（月間）　60
図表2－14　1部上場製造業の損益分岐点比率（F／M比率）　64

第3章

図表3－1　資金体系図　69
図表3－2　売上代金入金図　71
図表3－3　仕入代金支払図　72
図表3－4　売上原価図　73
図表3－5　経常損益・経常収支対応図　74
図表3－6　経常利益，営業資金残高，経常収支差額の関係図　74
図表3－7　資金繰りで綱渡り経営（R社和議申請）　77
図表3－8　T社経常収支要因分析表　78
図表3－9　期末営業資金図　79
図表3－10　回転期間の計算　80
図表3－11　回転速度図　81
図表3－12　売掛金残高の分解　82
図表3－13　売掛金増減要因分解図　82
図表3－14　全社営業資金残高推移　84
図表3－15　営業資金増減要因分析表　85
図表3－16　資金移動表（経常収支部分）　87
図表3－17　興人の経常収支比率　89
図表3－18　経常収支図（1）　91
図表3－19　経常収支図（2）　96
図表3－20　利益・資金関連図　96
図表3－21　X社利益図　97
図表3－22　X社経常収支図　97
図表3－23　X社利益・資金図　97

図表3－24	正常型（分子＋／分母＋）の経常収支図 98
図表3－25	危険型（分子＋／分母－）の経常収支図 99
図表3－26	要注意型（分子－／分母－）の経常収支図 99
図表3－27	発展型（分子－／分母＋）の経常収支図 99
図表3－28	H社の収支分析資料 100
図表3－29	利益および収支分析資料 102
図表3－30	Q社利益図 106
図表3－31	Q社経常収支図 106
図表3－32	Q社の19期決算分析表 109
図表3－33	19期実績利益図および経常収支図 110
図表3－34	売掛金増減分析表 116
図表3－35	増減明細 117
図表3－36	回転月数の計算 118
図表3－37	営業資金増減要因分析 118
図表3－38	手形回転月数の増減要因分析 119
図表3－39	製品別利益表 121
図表3－40	製品別回転期間 121
図表3－41	製品別資金効率 122
図表3－42	資金収支分析表 125
図表3－43	消費税込みの経常収支図 126
図表3－44	経常収支要因分析表 127
図表3－45	減価償却費以外の主な非現金費用等 127
図表3－47	期末営業資金残高調整リスト 128

第4章

図表4－1	N社キャッシュフロー計算書（間接法） 133
図表4－2	N社キャッシュフロー計算書（直接法） 134
図表4－3	営業活動キャッシュフローと経常収支の関係表 134

第5章

図表5−1　全部原価計算による月次損益計算書　137
図表5−2　全部原価計算による損益計算書　138
図表5−3　直接原価計算による月次損益計算書　140
図表5−4　直接原価計算による損益計算書　141
図表5−5　変動製品売上原価の計算　143
図表5−6　固定費の計算　143
図表5−7　直接原価計算方式による損益計算書　144
図表5−8　製品在庫増加による利益の過大表示分析　144
図表5−9　利益図　145
図表5−10　計画利益図　146

第6章

図表6−1　一般的な機会損益計算の形式　151
図表6−2　埋没原価の例　155
図表6−3　Ｓ工業の初年度Ｐ／Ｌ　156
図表6−4　Ｓ工業の次年度予定Ｐ／Ｌ　157
図表6−5　新型機械販売による増分利益計算　157
図表6−6　返品の取扱いについての3つの意見　158
図表6−7　製品別原価・利益表　159
図表6−8　製品別単位当たり利益表　160
図表6−9　製品Ａに生産集中した場合の利益表　160
図表6−10　製品Ｂに生産集中した場合の利益表　160
図表6−11　採算順位表　161
図表6−12　追加受注の総額比較　162
図表6−13　部品原価見積　164
図表6−14　製品別変動利益　165
図表6−15　制約条件表　166

図表 6 – 16　LP 図　167

第 7 章

図表 7 – 1　キャッシュフローの流列　170
図表 7 – 2　[S → P] (5％, 3) の図解　171
図表 7 – 3　[S → P] 表を使った図　172
図表 7 – 4　[M → P] 図　173
図表 7 – 5　A 社と B 社の見積　173
図表 7 – 6　A 社と B 社の機械のキャッシュフロー流列　174
図表 7 – 7　A 案, B 案 CF 対比表　176
図表 7 – 8　正味現在価値の計算　176
図表 7 – 9　試行錯誤法による IRR の計算　178
図表 7 – 10　補間法による IRR の計算　178
図表 7 – 11　利子引前税引後ネット・キャッシュフローの計算　185
図表 7 – 12　NPV（正味現在価値）の計算　186
図表 7 – 13　試行錯誤法による IRR の計算　186

経営計数が分かれば
会社は伸びる

第1章 経営活動とその成果

経営活動と利益マインド

　経営活動のあり方は経営の成果に大きな影響を及ぼします。そのなかでも基本になるのは，企業に携わる人々の利益マインドです。

　利益なくして事業（ビジネス）なし。これがビジネスの原点です。この原点に立って，経営者以下全社員が企業を維持発展させるために考え，行動することによって，はじめて求める成果が獲得されるのです。

　当然のことながら，利益は経理知識や計算能力から生まれるものではないのです。

　次の3つの例で，利益マインドをみてみましょう。

① 小林一三の安定経営

　阪急王国を創設した小林一三は，赤字であった日劇の経営を任されたとき，赤字の原因が「大ヒット主義」にあることをつきとめました。ヒットする出し物よりもヒットしない出し物の方が多いから，赤字は増えるばかり。この累積赤字は，当たったときの利益ではカバーできません。

　そこで小林は，「当たらなくても儲かる経営」が大事だといいます。平常でも，大きな黒字でなくてもよいから，当たり外れのない安定した経営をする。そうした経営をしていれば，ヒット作品の利益がそのまま黒字として残ることになるのです。

　つまり，小林は事業成功のカギは利益マインドを持つことだといっています。

② 福澤諭吉の「連綿不断軽々の利」

　藤原銀次郎著『福澤先生の言葉』（実業乃日本社）からの引用です。

「商人は一旦の利に誇ることなく，一旦の損に驚くこと勿れ。
唯だ恐れ慎むべきは，日々月々軽々の損なり。
唯だ希(こいねが)い望むべきは，連綿不断軽々の利なり。
一旦の損は連綿軽々の利を以って救うべけれども，
連綿軽々の損は一時の利を以って補い難し」
著者なりに現代風に訳してみましょう。

商売人（企業人）というのは，一時的（偶然）に利益が出たとしても，勝ち誇った気持ちになってはいけない。また，一時的（偶然）に損を出したとしても驚き慌ててはいけない。本当に恐れなければいけないのは，「日々月々軽々の損」である。

つまり，赤字はわずかであっても，毎日毎日続くような事態に陥っておれば，これはもう病気（赤字体質）であるから大変憂慮すべきことである。

そこで，商売人として本当に目指すべきは「連綿不断軽々の利」である。わずかではあっても，黒字がずっと続くということは，良い体質（黒字体質）になっているのであるから望ましいことである。

偶然にドカッと損を出しても，「連綿不断軽々の利」をもって埋め合わすことができるが，チビチビ大きくなっていった損は，一時的（偶然）に出た利益ぐらいではカバーできないのである。

福澤先生の言葉は，本当の商売道を端的に教えてくれており，現代でもそのまま通用するものといえましょう。

③　稲盛和夫氏の投機的利益（浮利）の排除

利益マインドは，健全で安定的な経営を目指します。投機的利益（浮利）は追わないのです。財テクにより失敗した企業について，京セラ会長の稲盛和夫氏は，「自ら働いて得る利益を尊ぶという原理原則を経営者が無視した結果だ」といっています。

経営活動と成果の関係

　戦略的な経営は，企業を成長発展させますが，戦略のない経営は企業を衰退させます。
　日露戦争のとき，乃木大将率いる日本軍は戦略・戦術ベタで無為無策。そのため，犠牲のみが多くて戦果が上がらなかったことは，司馬遼太郎の『坂の上の雲』に描かれています。
　このように戦略・戦術の善し悪しが成果を決定づけることになるのです。経営における戦略とは，企業の行動にとって重要なはかりごとであり，戦術とは戦略の実行策のことです。
　アメリカの経営学者ドラッカーは，企業の成果は「機会」を開発することによってのみ得られるといっています。決して「問題」の解決で成果が生まれるものではありません。
　「問題」の解決は，自社の成果達成能力の妨げとなっていたものが取り除かれるぐらいのものです。また，成果は企業の「内」にあるのではなく，企業の「外」に存在します。
　したがって，稀少な資源である「ヒト，モノ，カネ」を，「機会」と「外」に集中させることが経済的成果へのカギとなるのです。
　さらに，彼は『未来企業――生き残る組織の条件』日本語版の序文で，次のように述べています。
　「企業にとって，機会をとり逃がすことこそ，そのなし得る最悪のことである。それは，多くの場合，企業の失敗と衰退の原因となる。お粗末な意思決定や間違った行動の方がまだましである。間違いは直すことができる。しかし，機会は二度と戻らない」
　産能大学学長の松田武彦氏は，見逃した，または見逃しているチャンス（機会損失）に着目する機会思考がこれからの経営に必要であると主

張し，機会思考を次の4段階に区分しています。
① 過去に見逃した機会の反省
② 現在見逃している機会の認知
③ 未来の潜在機会の探索
④ （環境に働きかけて）新しい好機の創出 —— 機会は座して待つ必要はない

(1990年10月26日，福岡市民大学講座「実績本位から機会創造へ」)

　以上のことから，戦略の策定や機会創出は経営者の最も大きな仕事といえます。戦略の策定や機会創出は経営者の仕事であり，ビジネスマンの仕事ではありません。
　だからといって，われわれには関係のないことだと無視してはいけません。経営者の策定した戦略や機会創出についていくらかでも理解できれば，自分の考え方や行動がより合目的なものとなり，企業の成果に大きく貢献することになります。企業の一員として，企業での仕事が楽しくなるはずです。

スコアブックとしての財務諸表

スコア

　スポーツの人気は，成果（スコア）が誰にでも分かることにあります。それには一定のルールがあることが前提になります。ルールがあるからこそ，スコアは選手や観衆に当然のこととして受け入れられるのです。企業においても，活動の成果（スコア）の計算には一定のルールがあります。ルールを知らないとスポーツも面白くないのと同じように，企業でも基本的なルール，約束ごとを知らないと，自分の行動の成果に本当に興味を持つことはないはずです。
　一定のルールによって示されるスコア（成果）のうちで基本的なもの

は，「財務諸表」といわれ，次の3つがあげられます。
① 貸借対照表
② 損益計算書
③ キャッシュフロー計算書

すべての企業にその作成が義務づけられているのは貸借対照表と損益計算書の2つです。キャッシュフロー計算書の作成は，2000年3月期より上場企業に義務づけられました。

トップの役割を財務面でみれば，企業の財務を把握し，資本を有効に活用することによって，将来の成長のための財務基盤を確立することにあります。また，営業面でみれば，戦略の策定や機会創出を通じて営業基盤を確立することです。その経営判断と行動の結果は，3つの財務諸表のすべてに影響を与えることになります。

なかでも，トップの専断領域である戦略的投資の決定は，企業の将来構造を決める重要なものです。

また資本の調達方針の決定も，トップの専断事項です。これらの判断と行動の成果は，損益計算書上の「利益」，キャッシュフロー計算書上の「フリーキャッシュフロー」や「財務キャッシュフロー」として表示されます。

さらに，貸借対照表では，今までの成果の累積である流動資産の運用状態，固定資産の活用状態および資本の調達状態が示されます。

社員は，企業の経営理念や諸政策に従って日常的な生産や営業活動等を行い，管理者は社員のコーチ役として活動を行っています。これらの活動の成果は，損益計算書上において「売上高」，「売上原価」，「販売費及び一般管理費」として計上され，「営業利益」へと集約されます。また，キャッシュフロー計算書上では，上記損益計算書科目が収入・支出段階で表示され，「営業活動キャッシュフロー」の中核部分として集約

されるのです。

　上場していない企業の場合は，キャッシュフロー計算書が作成されないので，上記のようなスコアをみることができません。もしスコアを見たければ，資金繰り表の中から必要なデータを拾い集めて計算するしかありません。真剣に行動と成果を重んじる経営者であれば，作成が義務づけられていなくても，簡単な形のキャッシュフロー計算書の作成を望むことでしょう。なお，営業活動が完結していない売上債権，在庫，仕入債務等は貸借対照表に集約して表示されることになります。

利益の5段階表示

　損益計算書を営業活動との関係でみてみると，図表1－1のようになります。

　ここで損益計算書科目について簡単に説明しておきましょう。

　売上高は，「商品販売数量」に「商品単価」を乗じて計算されます。つ

図表1－1　利益の5段階表示

売上高	外部に対する販売活動の成果
売上原価	販売商品のコスト
売上総利益	**商品の売買利益（売買の成果）**
販売費及び一般管理費	営業体制のコスト
営業利益	**本業の利益（営業体制の成果）**
営業外収益	本業以外の収益
営業外費用	本業以外の費用
経常利益	**総合的利益（経営の成果）**
特別利益	フロック的利益
特別損失	フロック的損失
税引前当期純利益	**税引前の最終利益**
法人税	税負担のコスト
当期純利益	**税引後の最終利益**

まり、「商品」は売上高を支える最も根源的な経営資源です。「商品」に魅力がなければ企業は衰退していくことになるのです。したがって、仕入基盤の確立なくしては他と競争できません。製造業でいえば、製品開発力です。

また、販売費及び一般管理費は、営業体制のコストであるということができます。

営業拠点の展開、販売の推進、そして人の配置などによる営業費は、主として営業の体制に支配されるコストです。そのコストには、企業独自の戦略が反映されています。したがって、このコストの見直しには、戦略や営業体制の見直しが前提になるのです。

「営業利益」は企業を構成する全員の直接的、間接的な活動の成果（実力）であり、企業の維持発展のために特に重要な原資となるものです。

「経常利益」は、企業の総合的成果を示します。

「特別利益」と「特別損失」は、経常的に発生する損益に対する用語で、臨時損益項目と前期損益修正項目という特別のものをプールしたものです。

「当期純利益」は、配当金や役員賞与の原資になると同時に、残りは企業存続発展のために留保（内部留保）されるものです。なお、株主総会へ提出する損益計算書では「当期純利益」は「当期利益」となります。

経営活動とバランスシート

会社設立時の貸借対照表（B／S：バランスシート）が図表1－2であったとします。

図表1－2　開始B／S

| 現預金 | 300 | 資本金 | 300 |

現預金という資産が増えたので「左」に表示され，一方，資産増加の理由（金の出所）が株主が払い込んだ資本金だから「右」に表示されました。

　企業会計のルールでは，財産（現金などのプラス財産と借入金などのマイナス財産に大別される）を増加させたり減少させたりする行為を，「取引」と呼んでいます。そして，その「取引」は常に「左」と「右」に対応させて，一体として記録することになります。

　図表1－2は左右同額でバランスしています。貸借対照表とはバランスしているシートのことをいうのです。

　事業開始後1年，税引後純利益が500生じ，それがすべて現預金で増加したとすると期末のバランスシートは図表1－3のようになります。

図表1－3　1期末B／S

現預金	800	資本金	300
		利　益	500
合　計	800	合　計	800

　ここで，現預金が500増えて800になりました。増加の要因は500の利益増加。期末時点では，手元に現預金800を保有していますが，それは資本金300と利益500から生成されたことが分かります。

　つまり，バランスシートは資金の運用（左側）と資金調達（右側）の源泉を対照させて，その時点の財政状態を明らかにするものです。

　「経営の基本」を徹底したところのバランスシートは図表1－4のように表示されます。

図表1－4　B／Sの基本形

現預金	×××	資本金	×××
		利　益	×××

この基本型は，徹底的に無駄を省いた究極の経営の姿を示しています。仕入の仕方，製造の仕方，販売の仕方，そして管理の仕方によって，この姿がだんだん変形してゆくのです。

　長期不良の売上債権や過剰在庫はないか。これらは，日常の営業活動によって発生した過剰資産です。

　また，固定資産の中身はどうか。効率よく運用されているか。儲かったお金はどうなっているか。このように，バランスシートの中身を徹底的によくすることが大事です。

　大事なことは，企業の価値はＢ／Ｓの左側，つまり資産で決まるのであって，右側の資本構成（株主資本と借入資本の割合）で決まるものではないということです。資本構成は事業の特性によって規定されるからです。

　年度の成果は損益計算書に計上され，そしてＢ／Ｓへと引き継がれます。あたかも大相撲において，前場所の番付表に当場所の星取表の成果が加減されて，次場所の番付表が出来上がるように，バランスシートは前期以前の成果を次期以降へ引き継ぐ番付表の役割を持っています。いうまでもなく，損益計算書は星取表ということになります。

　したがって，企業のバランスシートには，企業独自の文化と活動の歴史が刻まれているのです。

成果の評価

財務諸表と経営情報

　スコアに相当する財務諸表には，その企業の文化と行動が凝縮されています。したがって，自分の会社だけでなく，業界トップの会社や競合会社の財務諸表も分析，評価の対象となるのです。

　トップ会社との比較は，自社の強み，弱みを把握し，そのギャップを

つかんで一段と高いレベルに挑戦するきっかけをつくります。自社の財務諸表の評価は，財務状態の現状を知るだけでなく，将来の発展への潜在力を確認することにあります。そのためにも，トップ会社の情報が必要です。

　ゼネラル・エレクトリックのジャック・ウェルチ会長の言葉を借りれば，経営とは最小のインプットで最大のアウトプットを実現することを目的とします。

　活動の成果は活動のコストと対比され，次の2つの面から測定することになります。

　① アウトプット－インプット
　② アウトプット／インプット

　①のアウトプットとインプットの差は，損益計算書上の「利益」であり，利益の生成過程を解明するのが利益分析です（利益分析については，第2章「損益バランス」で取り上げます）。

　また，運転資金の過不足もアウトプットとインプットの差であり，その生成過程を解明するのが経常収支分析です（経常収支分析については，第3章「経常収支バランス」で取り上げます）。

　②のアウトプット／インプットは，企業全体で投資の収益力を分析する場合と，個別投資（プロジェクト）ごとに分析する場合があります。

　企業全体の場合は，資本の再投資を続けていくということを前提にしています。企業というのは，無期限に事業を継続するという「継続企業」の仮設に立っているからです。

　他方，プロジェクトごとにみる場合は，投資には期限があり，投資から回収された資金がまた同じ投資に再投資されるわけではありません。

　企業全体として包括的に投資を分析する手法としてROAやROEがあります。以下，この2つについて詳しくみてゆきます（プロジェクトの

投資分析は第 7 章で取り上げます)。

投資収益率（ROI）

アウトプット／インプットは，成果／投下資本として測定されます。「ROI」はリターン・オン・インヴェストメント（RETURN ON INVESTMENT）の頭文字をとったものです。「リターン」は投資の「お返し」あるいは「報収」のこと，インヴェストメントは「投資」です。

一般的に，ROI は次の式で計算されます。

ROI（投資収益率）＝利益／資産

しかしながら，分子の「利益」は何か，分母の「資産」は何かについては，使う人によって，かつ目的によっていろいろと異なっているのです。

R・A・ピーターズの『ROI 経営実践法』によると，その種類は実に 20 以上にも及ぶといいます。その意味では，ROI は投資した成果を測定するための包括的かつ抽象的な用語であるといわねばなりません。

資産利益率（ROA）

「ROA」はリターン・オン・アセット（RETURN ON ASSETS）の頭文字をとったものです。

ROA は企業が使用した資本すなわち資産と利益の比率を示すもので，企業の総合的な資産効率分析の代表的指標です。

次の式で計算されます。

ROA（資産利益率）＝営業利益／正味営業用資産

企業は，正味営業用資産に投資しますが，それに必要な資金を調達しなければなりません。バランスシートでいうと図表 1 — 5 のようになります。

図表1-5　正味営業用資産と資本調達のB／S

正味営業用資産	資本調達

　資金調達には借入金利息や株式配当などのコスト（資本コスト）がかかります。

　企業全体の投資分析では，資本コスト，法人税などをカバーするために，いくらの営業利益が必要かということが中心になります。これは，企業の資本構造（借入資本と株主資本の割合）に左右されるのです。

　そこで，ROAは資本調達方法に関係する財務活動を切り離して，事業活動の収益性に着目します。

　したがって，分子の利益には，資本コスト控除前経常利益あるいは営業利益を，分母には分子に見合う資本総額つまり借入資本と株主資本の合計を使用します。

　ROAを事業部門別につかむ努力が大企業を中心に始まっています。事業部門別に事業評価をすることによって，はじめて経営資源の適正配分が可能となるのです。事業の選択と集中を進め，かつ余剰資産を切り捨てることなくして，企業の存続発展はありえません。この考え方は，中堅企業においても重要視されなければなりません。

ROAの計算事例

　それでは具体的にROAの計算事例をみてみましょう。

　図表1-6のような財務諸表をもとに考えてみます。

　P／Lは損益計算書（プロフィット・アンド・ロス・ステイトメント，PROFIT AND LOSS STATEMENT）のことです。

　B／Sの営業資産とは企業の営業活動に用いられる資産，営業負債は企業の営業活動より生じる短期負債です。営業負債は営業資産と連動し

図表1-6　資産効率計算用のP／L, B／S

P／L		
営業活動	売上高	1,000
	売上原価	800
	売上総利益	200
	販売費・管理費	160
	営業利益	**40**
財務活動	支払利息	5
	経常利益	35
	法人税等	14
	当期純利益	**21**

B／S			
営業資産	800	営業負債	500
現預金		仕入債務	
売上債権		その他流動負債	
たな卸資産			
その他流動資産		資本総額	300
固定資産			
		借入資本	100
		株主資本	200

て発生し，利息の支払もないので営業資産から差し引かれ，その結果，営業に正味使用される「正味営業用資産」が算出されます。

図表1-6の場合でいうと，以下のようになります。

営業資産800 － 営業負債500 ＝ 正味営業用資産300 ＝ 資本総額300

ROA ＝ 営業利益40／正味営業用資産300 ＝ 0.133（13.3％）

ROAの計算式は，次のように展開できます。

営業利益／正味営業用資産 ＝ 営業利益／売上高 × 売上高／正味営業用資産
　　　　ROA　　　　　　　（営業利益率）　　　　（資産回転率）
　　　　13.3％　　　　　　　　4％　　　　　　　　　3.33

ROAをみるポイント

ROAをみるポイントは次の2点です。

① ROAの指標は，歴史のある会社の場合には，土地や有価証券などが低い購入金額のままとなっている場合が多いため，高くなる傾向がある（ただし，B／Sが時価ベースによっている場合は本当の

資産効率を示す)。
② ROAは，営業利益率×資産回転率に分解されるが，この式より事業の特質を判断することもできる。つまり，営業利益率が高く，資産回転率が低い企業は，付加価値の高い製品を製造する製造業によくみられます。

　一方，営業利益率が低く資産回転率が高い企業は，薄利多売の商社等にみられます。

なお，ROAは業種，業態によって違いが大きいので，他社との比較が困難な場合があります。また，すべての指標にいえることですが，比率自体には何の意味もありません。比率の高低だけで判断するのは危険であり，他の情報と関連付けて数字の背景をよくみることが必要です。

業績の真の尺度はキャッシュフロー

「会計上の利益」は，発生主義に基づいて計算されたものです。発生主義とは，費用および収益を，現金の支出や収入(キャッシュフロー)ではなく，発生という事実に基づいて認識する会計基準です。発生主義のルールとはいっても，スポーツのルールと違い，我が社のルール(会計処理方法)ではこうなるというわけですから，他流試合(他社比較)には不適当です。

減価償却方法や在庫評価方法などは企業が選択できるので，他社との比較ができないばかりでなく，自社においても経営の実態がつかみにくいのです。

「会計上の利益」は，このように自由裁量の余地があります。一方，キャッシュは客観的事実です。そこで，経営の実体は，主観的意見にすぎない「会計上の利益」ではなく，客観的事実であるキャッシュフローでつかむことになります(キャッシュフローについては，第4章で取り

上げます)。

思考の3原則と定性的見方

思考の3原則

　決算数字の背景（成り立ち）をみないと，企業の本当の姿は分かりません。分析のための分析をいくらやっても，何が本質的な問題かが分からないため，課題も見つかりません。質的面の分析，つまり定性分析によって初めて問題点がみえてくるのです。なお，問題発見にはある程度の教養や識見が必要となります。

　漢学者の安岡正篤は時務について次のようにいっています。

　「事務の方は基礎さえあれば機械的に済ませることもできるが，時務の方はその時，その場，その問題に対して如何に為すべきかという活きた問題である。

　したがって，その根本にその人の教養，信念，識見，器量というものが大切である。教養や識見がなければ真実は見抜けない。それには『思考の3原則』とか歴史の教訓，文化遺産に学ぶことが必要になってくる。思考の3原則とは次の見方をいう。

①　目先にとらわれず，長い目でみる。
②　物事の一面だけをみないで，できるだけ多面的・全面的に観察する。
③　枝葉末節にこだわることなく，根本的に考察する」

定性的見方

　財務諸表を分析する場合，その背景にある多様な要因と関連させて数値を読み，将来の方向づけに役立てることが重要です。

　将来の方向づけは，あるべき姿から現在を見つめ，そのギャップを認

識することから始まります。つまり，定性分析とは一流の眼で利益の正体をつかむことです。そうでなければ，将来の方向づけを誤ることになります。

　利益の正体をみる場合,「増加利益」と「形成利益」の区別が大事です。増加利益とは，文字どおり利益の量的増加のことで,「みえる利益」（決算書等でみることができる利益）です。形成利益とは，利益が形成される質的面のことで,「みえない利益」です。現時点の経営活動の結果（成果）は，過去を含む多くの事象から生まれたものです。したがって，この数値を生み出した背景をよく解明しておく必要があるのです。

　利益の正体をつかむポイントとなる切り口は次の3つです。
① 異常利益，仮想利益，投機利益か
② 環境の利益か，経営の利益か
③ 他力の利益か，自力の利益か

　このように分析は定量分析と定性分析とに分けることができます。

　すでにお分かりのように，定量分析ばかりいくらやっても，何の役にも立ちません。

　定量分析と定性分析を対比すれば次のようになります。

図表1－7　定量分析・定性分析比較表

定量分析（量的側面の分析）	定性分析（質的側面の分析）
数字をあるがままの姿で素直にとらえる	数字の背景を読み，将来の方向性を探る
誰が分析しても，同じ答えが得られる（企業名，部門名を意識することはない）	判断力の違いで同じ答えが得られない場合がある（固有名詞と結び付けながら分析する）
情報の入手は容易である	情報の入手は容易でなく，自力でしなければならない

企業は継続し，発展しなければなりません。まず，企業が将来にわたり安定的に成長していけるかどうかを深く掘り下げます。そして，経営基盤を確立するため「明日の眼」で考え，行動します。前をみて進むか，現状に甘んじるかでその成果に雲泥の違いが生じます。

　江州の諺を紹介します。読者は自分なりに思いを巡らしてください。
　下農は，草を見て草を取らず
　中農は，草を見て草を取る
　上農は，草を見ずして草を取る

〈事例研究1〉旭化成工業にみる事業部別BS導入の成功事例

　旭化成工業は資本効率重視の経営に乗り出し，1997年4月から事業部別貸借対照表管理制度を導入した。山本一元社長は，事業部別BS管理制度の効果について次のように話しています。

　「事業担当者の意識が変わりつつある。これまでは担当者が初年度に赤字を出しても"次の年は頑張ります"といえば，赤字を不問にされ，事業拡大に取り組んだ。

　高度成長時代はこのやり方で資金を回収できたが，低成長時代ではそうはいかない。BSで管理すると，1年，2年と赤字が続けば100億円，200億円と赤字がたまる。これをどうするのか考えなければいけなくなった」（1997年12月2日，「日本経済新聞」「トップに聞く企業戦略」）

〈事例研究2〉資生堂会長の定性分析と経営判断

　資生堂の福原義春会長は，「日本経済新聞」の「私の履歴書」の中で次のように述べています。

　「当時，資生堂は12期連続で増収・増益を記録していた。私が社長に就任する半年前の6月末の中間決算発表で，次期の業績は売上でも経常

利益でも，前年度比増の数字を明らかにしている。だが，子細に点検してみると大きな危険をはらんでいることが分かってきたのだ。流通過程での過剰在庫である。

メーカーからは製品が続々と届けられるが，売れ行きはそれに追いつかない。この状態が続けば，早晩わが社は困難に直面するに違いなかった。直ちに数人で適正な在庫のシミュレーションを行ってみた。その結果，市場在庫を3年かけて300億円引き取り，当期の経常利益を半分に減らすのがもっとも回復が早いとの結論が出た。

この決断に，会社の中ではOBも含め，批判と不安の声があがった。12期連続の増収・増益を，新社長の思いつきでぶち壊すのかというのだ。私とて，在庫の引き取りや大幅減益で，会社の築き上げたイメージが損なわれることを心配しなかったわけではない。が，今ここで過去のうみをだし，社員の意識改革のためにも，あえて荒療治をすることが不可避の措置だと思い私は押し切った」　　（1997年10月5日，「日本経済新聞」）

[補説1＊] 株主資本利益率（ROE）

① ROEとは何か

「ROE」はリターン・オン・エクイティー（RETURN ON EQUITY）の頭文字をとったものです。

ROEは株主の立場からみた指標で，株主の投資がどの程度リターンを生み出したかを示すものです。この指標は，主として上場企業向けのものです。

ROEは次の式で計算されます。

当期純利益／株主資本（自己資本）

ROEは，ROAと同様，現在使用している資本（資産）がどの程度効率よく活用され，利益を上げているかを測定し，経営改善のための方針

を策定するのに役立ちます。今，一部の日本企業では経常利益主義から資本効率重視への転換が進んでいます。資金源泉のおおもとが株主資本である以上，単に利益の額でなくROEで評価するのはごく当然のことです。米国企業に比べて日本企業のROEが低いのは，長い間経常利益主義が重視されてきた結果であるということができます。

ROAと同じように，ROEを事業部門別につかむ努力が日本でも大企業を中心に始まっています。事業の選択と集中を進めないと生き残れないと認識しているのです。

② ROEの計算

図表1-6の資料からROEを計算します。

ROE ＝ 当期純利益21／株主資本200 ＝ 0.105（10.5％）

なお，ROEを計算する場合には，通常，株主資本は期末残高を使用します（ROEを計算する場合の正味営業用資産も同じです）。

株主からみたROE10.5％が満足のいくリターンであるかどうかは，個々の株主が「何と比較するか」によって左右されることになるのです。

もし株主がROE12％の会社への株式投資を犠牲にしてこの会社へ投資していたとすると，投資への機会損失が生じたので10.5％のリターンに満足するはずがありません。つまり，低水準のROEは株主から敬遠されてしまうことになります。ちなみに日本企業の平均ROEは2％，米国企業では20％です。なお，米国ではROE10％が優良企業の最低条件といわれています。

③ ROEとROAの関係

ROAとROEの関係を取り上げます。

まず，説明の便宜上，税引前のROE（前述の税引後ROEと区別するため，ROE'とする）を次のように展開します。

$ROE' = ROA + D／E (ROA - i)$

ただし，ROE'＝経常利益／株主資本
　　ROA＝(経常利益＋支払利息)／(借入資本＋株主資本)
　　D＝借入資本，E＝株主資本，i＝金利率

上の展開式から分かるとおり，ROEの決定要素はROAとD／Eおよびiの3つです。

図表1－6のデータで確認すると，

ROE'＝35／200＝0.175

ROA＝(35＋5)／(100＋200)＝0.133

したがってROE'は次のようになります。

ROE'＝ROA 0.133＋1／2×(0.133－0.05)＝0.175

なお，税引前ROE（ROE'）を税引後ROEへ換算すれば前述のROEと同じ値となります（税率を40％とします）。

ROE＝ROE'×(1－実効税率)
　　＝0.175×(1－0.4)＝0.105

これより，「ROAのアップなくしてROEのアップなし」ということができます。

借入資本100，株主資本200の場合のROAとROEの関係を図解したものが図表1－8です。

営業利益は借入資本と株主資本の合同で稼いだものですから，営業利益40を100対200で按分します。借入資本が稼いだ営業利益から金利コストを差し引いた残りが，借入資本が稼いだ税引前利益となります。

一方，株主資本のコストは，この段階では計上しないので，株主資本が稼いだ営業利益は，そのまま税引前利益となります。これに借入資本が稼いだ税引前利益を加算して課税所得を計算します（図表1－6では，支払利息控除後の経常利益35が課税所得です）。

次に，課税所得に対して40％の法人税等14を負担すれば，税引後利

図表1−8　一部借入資本がある場合のROAとROE

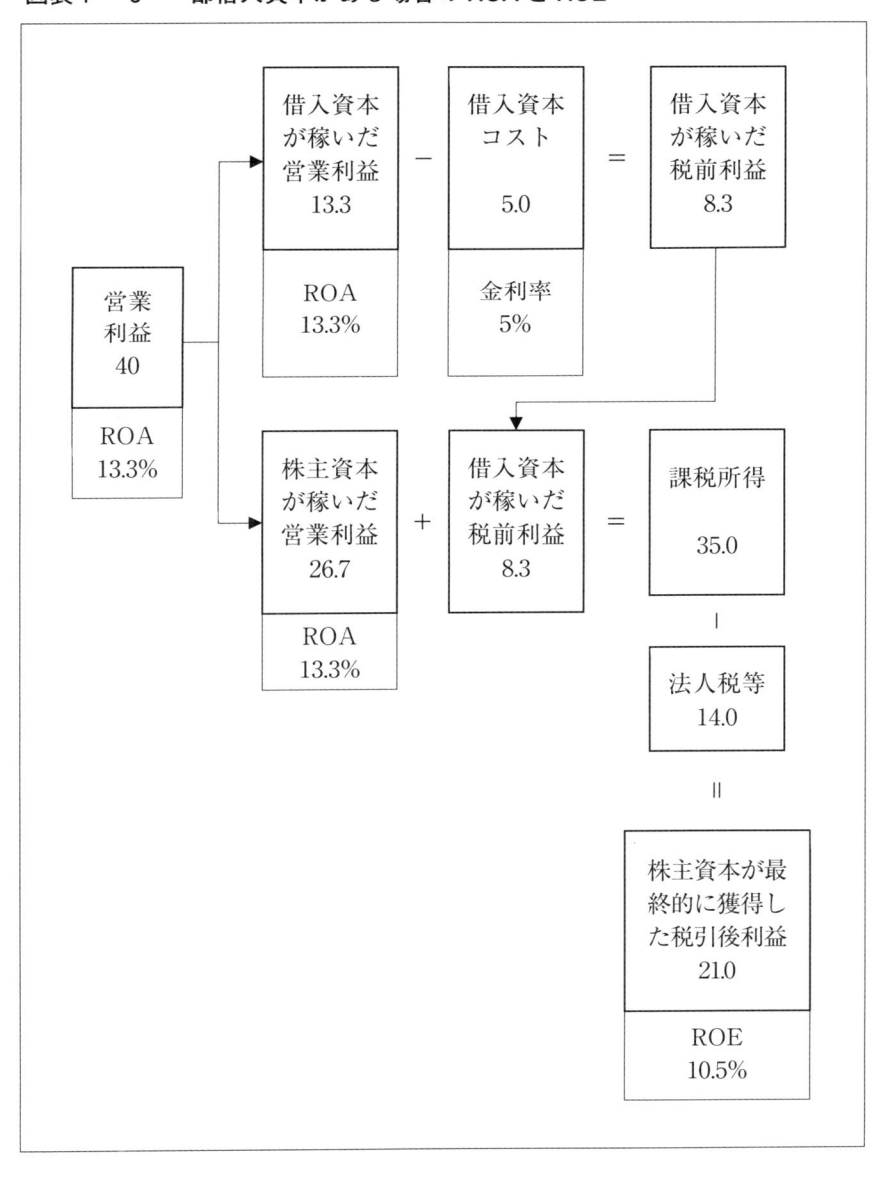

```
                    ┌─────────┐   ┌─────────┐   ┌─────────┐
                    │借入資本が│   │借入資本  │   │借入資本が│
                 ┌─→│稼いだ    │ − │コスト    │ = │稼いだ    │
                 │  │営業利益  │   │         │   │税前利益  │
                 │  │  13.3   │   │   5.0   │   │   8.3   │
                 │  ├─────────┤   ├─────────┤   └─────────┘
                 │  │  ROA    │   │ 金利率   │
                 │  │ 13.3%   │   │   5%    │
   ┌─────┐       │  └─────────┘   └─────────┘        │
   │営業 │       │                                    │
   │利益 │───────┤                                    ▼
   │ 40  │       │  ┌─────────┐   ┌─────────┐   ┌─────────┐
   ├─────┤       │  │株主資本が│   │借入資本が│   │課税所得 │
   │ ROA │       └─→│稼いだ    │ + │稼いだ    │ = │         │
   │13.3%│          │営業利益  │   │税前利益  │   │  35.0   │
   └─────┘          │  26.7   │   │   8.3   │   └─────────┘
                    ├─────────┤   └─────────┘        ‖
                    │  ROA    │                  ┌─────────┐
                    │ 13.3%   │                  │法人税等 │
                    └─────────┘                  │  14.0   │
                                                 └─────────┘
                                                      ‖
                                                 ┌─────────┐
                                                 │株主資本が│
                                                 │最終的に │
                                                 │獲得した │
                                                 │税引後利益│
                                                 │  21.0   │
                                                 ├─────────┤
                                                 │  ROE   │
                                                 │ 10.5%  │
                                                 └─────────┘
```

第1章　経営活動とその成果 —— 41

益は21となります。これは，株主資本が最終的に獲得した利益であり，株主資本で割った値（ROE）は10.5%です。

④　レバレッジ効果

次に，借入資本ゼロ，株主資本300の場合をみてみましょう。

図表1−9　借入資本ゼロのときのROAとROE

営業利益 40	株主資本が 稼いだ営業利益 40	法人税等 （40%） 16	当期純利益 24
ROA 13.3%	ROA 13.3%		ROE 8.0%

ROE ＝ 24 ／ 300 ＝ 0.08

ROAとの関係式で展開すると，

ROE' ＝ ROA 0.133 ＋ 0 ＝ 0.133

ROE ＝ 0.133 ×（1 − 0.4）＝ 0.08

となります。

　借入資本を利用しないときのROEは8％，借入資本を利用したときのROEは10.5％。この差異を生むのが「財務レバレッジ」です。ROAより低い金利の借入資本を追加して活用することにより，レバレッジ（テコ入れ効果）がもたらされてROEがアップすることになります。財務レバレッジの程度はD／E（借入資本が株主資本の何倍か示す）で計算します。

　この原理から，借入資本を無制限に利用すればROEを高めることができます。

しかし，財務レバレッジの増加は通常 ROE を増加させますが，同時にリスクも増加させてしまいます。したがって，長期資金の調達にあたっては財務レバレッジを適正に維持することが重要な課題です。

　いずれにせよ，ROE の向上策は，株主の投下資本を効率よく使って利益を生み出していくことを第一に考えることです。

　再び福澤諭吉の言葉を引用します。

　「借金は余儀なき窮策にして，決して目出度き沙汰にあらず。
　借金せずして用を弁ずる法あれば，その法に従うこそ経済の本質なれ」

〈事例研究3〉事例でみる ROE と ROA の関係

　よく新聞などでは，ROA を簡便的に，

　　当期純利益／（借入資本＋株主資本）

としてとらえ，次の展開式をベースにした ROE の記事をみかけることがあります。

$$\text{ROE} = \underbrace{\text{売上収益率} \times \text{資産回転率}}_{\text{ROA}} \times \text{財務レバレッジ}$$

ただし，

ROE ＝ 当期純利益／平均株主資本

売上収益率 ＝ 当期純利益／売上高

資産回転率 ＝ 売上高／平均（借入資本＋株主資本）

財務レバレッジ ＝ 平均（借入資本＋株主資本）／平均株主資本

　上の展開式を，医薬品卸7社と京セラに当てはめれば図表1－10のようになります。

　この表からも分かるように，卸売業と製造業の間では ROA の内容に大きな違いがありますが，卸売業の間ではほとんど差がなく低収益率の高回転率を示していることが分かります。

図表1−10　医薬品卸売業7社と京セラのROE分解（1998年3月期）

会社名	ROE (%)	ROA (%)	売上収益率 (%)	資産回転率 (%)	財務レバレッジ（倍）
スズケン	6.2	6.2	1.05	5.92	1.00
ユニック	5.8	5.8	0.84	6.98	1.00
九宏薬品	3.9	3.9	0.72	5.41	1.00
三星堂	1.9	1.9	0.41	4.54	1.00
昭和薬品	1.9	1.8	0.30	6.19	1.04
日本商事	1.4	1.3	0.32	4.20	1.07
クラヤ	1.2	0.6	0.12	5.35	1.86
京セラ	5.6	5.4	7.44	0.72	1.04

（ROA内訳）

[補説2＊] EVA（経済付加価値）

　この指標は主として上場企業向けのものです。

　最近，ROA，ROEなどの会計的業績指標は，財務諸表数値を用いるため，会計処理法の選択・変更などの会計政策によって操作されることで批判されるようになりました。また，ROEにおいては，自社株買入れなどで比率を上昇させることや，高水準のROEを維持することに固執するあまり事業拡大の機会を逸するなど問題が提示されています。

　そこで登場したのがEVAです。EVAとは，エコノミック・バリュー・アッデドの頭文字をとったものです。スターン・スチュワート社が提唱したものであり，同社の商標でもあります。EVAは企業の収益面だけではなく，収益をあげるために使われた資本コストをも考慮しているところに特徴があります。基本的には，次のように計算されます。

　　EVA＝キャッシュベースの税引後純営業利益−資本コスト

（EVAの計算等については，他の専門書を参照してください）

EVAがプラスの場合は価値を創造したことになり，マイナスの場合は価値を喪失したことになります。企業においては，価値が上がる中身のある成果が要求されます。そのためには，一人ひとりの価値思考が必要となります。

一橋大学教授の伊藤邦雄氏は，日本企業の低迷は戦略思考の欠如と価値思考の欠如に重要な原因があるといっています。

では，他の業績指標と比較した場合のEVAの強みは何でしょうか。

図表1－11　業績指標の比較

	資金効率比較	累積評価	企業目標と部門目標の連動
EVA	○	○	○
売上高	×	×	○
経常（営業）利益	×	×	○
ROE	△	×	×

出所：1997年10月18日「週刊ダイヤモンド」

上の表から分かるように，EVAは圧倒的に優位に立っています。

EVAは次の場合に増加します。

① 投資を追加せずに営業利益が増加するとき
② 資本コストを上回るリターンのプロジェクトに新規の投資をしたとき
③ 資本コストを下回るリターンの事業から撤退したとき

また，EVAは次の場合に利用されます。

① 企業あるいはグループの企業価値の指標
② 社内の業績評価や人事評価
③ 戦略策定

第2章 損益のバランス

利益図（経常利益図）

変動費と固定費

　経常利益は収益から費用を差引くことによって計算されます。この場合，売上高と営業外収益が収益，売上原価，販売費及び一般管理費と営業外費用が費用に該当します。

　ここで，費用を売上高との関係でみると，売上高に比例して変動する変動費（比例費という人もいる）と，売上高との比例関係がなく固定的に発生する固定費とに分けられます（図表2－1参照）。

　したがって，製造部門がない販売会社の場合，固定費は次のように計算されます。

　　固定費＝販売費及び一般管理費＋営業外費用－営業外収益

　変動費と固定費は管理会計上の用語で，制度会計（企業会計とか財務会計ともいう）では登場しません。管理会計とは，経営管理のための会計であって，法律で制約された制度会計と違い，企業が管理目的に合わせて独自に採用する会計制度です。

　利益図はまず，正方形の図の上に変動費と固定費の動きを描きます。

　横軸に売上高をとると，縦軸も売上高を示すことになります。したがって，対角線の高さは売上高そのもので，「売上高線」と名付けられています。

　固定費と変動費の合計線である総費用線と売上高線との比較から，
　　売上高＞総費用なら黒字
　　売上高＜総費用なら赤字

図表2−1　利益図

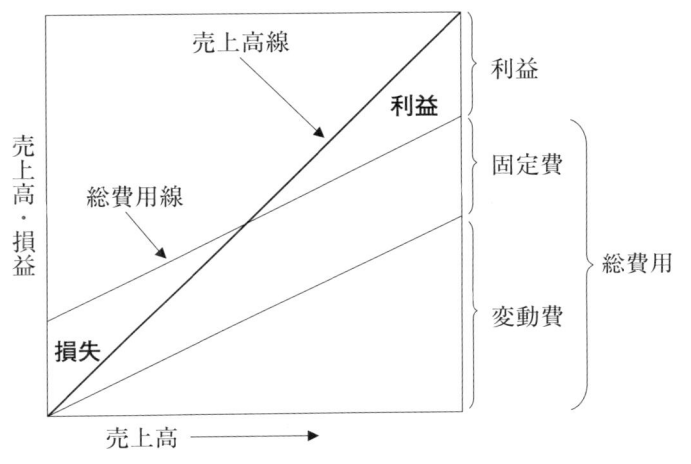

(図)

となることが分かります。

また，売上高＝総費用なら利益はゼロです。

変動利益（限界利益）

図表2−1の利益図では，

　　売上高−（変動費＋固定費）＝利益……………………………（1式）

の形で表現しました。

この計算式を次のように変形します。

　　売上高−変動費＝固定費＋利益………………………………（2式）

「売上高−変動費」は，管理会計用語では，「限界利益」と呼ばれています。しかし，「限界利益」という言葉は，ビジネマンにはなじみがありません。これを「貢献利益」という人もいますが，著者は固定費に対応させて，「変動利益」という言葉を使っています。この方が分かりやすいと思います。

つまり，変動利益とは売上高に直接比例して変動する利益部分をいう

図表2-2　変動利益図

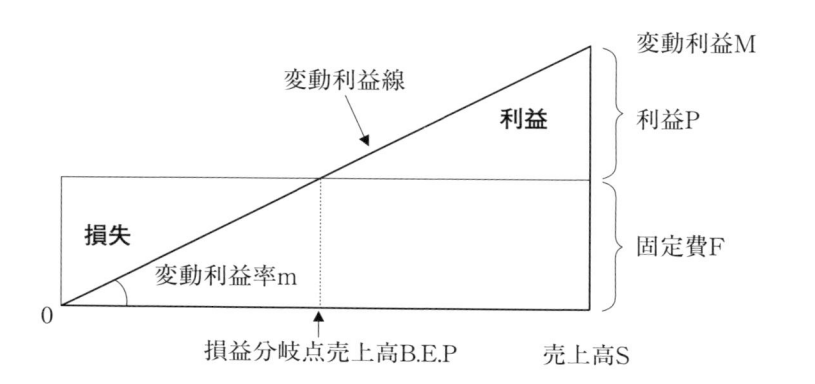

```
                                              ┐ 変動利益M
                              変動利益線        ┐
                                    ↘    利益   ├ 利益P
                                              ┘
                                              ┐
              損失                             ├ 固定費F
                    変動利益率m                  ┘
        0        ↑              
              損益分岐点売上高B.E.P      売上高S
```

のです。
　さらに，2式を次のように展開します。
　　　変動利益＝固定費＋利益……………………………………（3式）
　　　変動利益－固定費＝利益……………………………………（4式）
　4式を図解すれば図表2-2になります（図表の作り方は［補説5］を参照）。
　なお，変動利益率は変動利益を売上高で割った値のことです。
　図からも明らかなように，
　変動利益M＞固定費Fのとき黒字
　変動利益M＜固定費Fのとき赤字
　変動利益M＝固定費Fのとき利益ゼロ
となることが分かります。
　また，利益ゼロのときの売上高は「損益分岐点売上高」（BREAK EVEN POINT：ブレイク・イーブン・ポイント）と呼ばれています（以下，利益図上，B.E.P.またはBと省略）。

固定費と変動利益のバランス

損益分岐点比率と損益分岐点

固定費 F と変動利益 M の関連を示せば図表 2 − 3 のようになります。

図表 2 − 3　固定費と変動利益の関連図

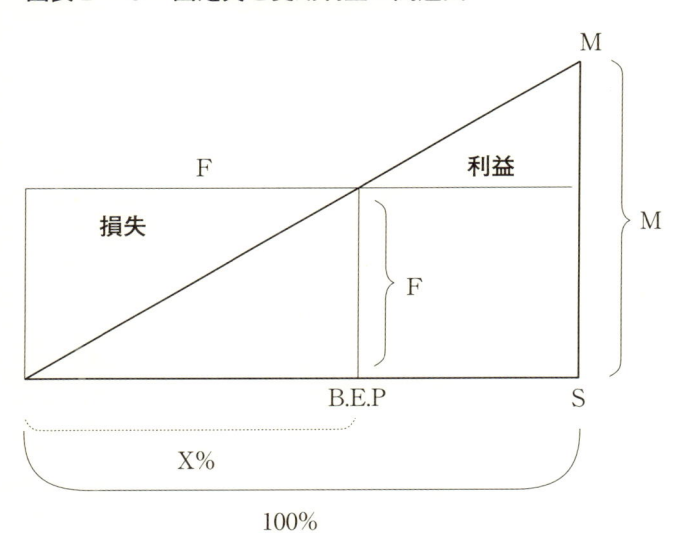

損益分岐点売上高 B.E.P では，固定費 F と変動利益 M が同額で利益ゼロとなっています。要するに，B.E.P が意味するところは，固定費を変動利益によって回収しうるところの売上高ということです。

この B.E.P の位置が，売上高 S に対して何%のところにあるかを示すバランスの指標を「損益分岐点比率」といい，売上高 S を 100％とした場合の B.E.P の比率 X％を意味しているのです。

ここで F と M の関係式を導くと，

　$F : X = M : 1$

内項の積は外項の積に等しいので，

$$X \times M = F$$
となり，両辺を M で割ると，
$$X = F / M$$
となります。

　損益分岐点比率は，固定費 F と変動利益 M とのバランスのことであり，これを「FM 比率」とも呼びます。損益分岐点比率（X）が導かれたあとは，損益分岐点売上高（B.E.P）の計算です。

　売上高 S に対する損益分岐点売上高（ここでは B で示します）の位置を損益分岐点比率ということは前にも述べました。

　損益分岐点売上高 B ／売上高 S ＝損益分岐点比率（F ／ M）
の両辺に売上高 S を掛けると，

　損益分岐点売上高 B ＝売上高 S ×損益分岐点比率（F ／ M）
となります。つまり，売上高に FM 比率を掛ければ損益分岐点売上高が簡単に計算できることになります。

　少し複雑になってきましたから，このへんで整理しましょう。皆さんも，手を動かして利益図を描き，損益分岐点比率（FM 比率）と損益分岐点売上高を計算してください。利益図はイメージを脳に叩き込むための手段でもあるので，FM 比率と唱えながらフリーハンドで描くのがよいでしょう。

　なお，経営分析の本では，損益分岐点売上高を次の式で算出する方法をとっています。

$$\frac{固定費}{1 - 変動費 ／ 売上高}$$

　しかしながら，実際に計算する段になって，この公式を思い出す人はほとんどいないようです。読者の皆さん方は，利益図と F ／ M 比率が脳に刻み込まれているので，この公式を記憶する必要はありません。

[例題1] 利益図の作成

H社の損益計算書によって利益図を作成します。

	金　額	変動費	固定費
売　上　高	1,000		
売　上　原　価	600	600	
売　上　総　利　益	400		
販　売　管　理　費	300		300
営　業　利　益	100		
営　業　外　利　益	10		− 10
営　業　外　費　用	10		10
経　常　利　益	100		

〈データ分析〉

　固定費 = 300 + 10 − 10 = 300

　（営業外収益はマイナス固定費として扱う）

　変動費 = 600

　変動利益 = 1,000 − 600 = 400

　変動利益率 = 400 / 1,000 = 0.4（40%）

　以上の数値から利益図を書けば，図表2−4のようになります。

〈指標の計算〉

　F / M = 300 / 400 = 0.75（75%）

　損益分岐点売上高 = 1,000 × 0.75 = 750

　H社の損益分岐点売上高は750で，それより売上が増えれば利益がでます。

　また，FM比率も75%と低く，収益力は安定しています。

図表2-4 例題利益図

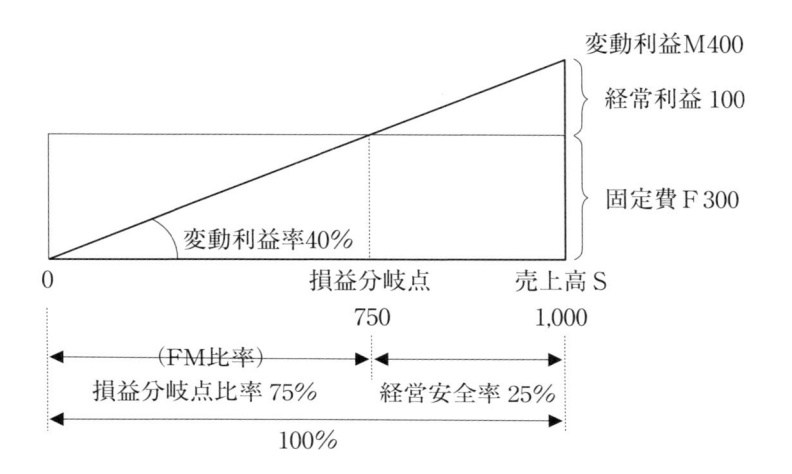

```
                                変動利益M400
                             ┐
              ／|         経常利益 100
            ／  |          ┘
          ／    |          ┐
        ／      |
      ／        |       固定費F 300
    ／          |
  ／ 変動利益率40%|          ┘
0─────────────損益分岐点──売上高S
              750        1,000
├───(FM比率)────┤
├──損益分岐点比率75%─┤─経営安全率25%─┤
├──────────100%──────────┤
```

損益分岐点比率と経営安全率

　図表2-4をみてください。100%から損益分岐点比率75%を引いた値を「経営安全率」と呼びます。

　H社の場合は25%ですから「やや健全」な経営状態にあるといえます。つまり、今の売上高が25%もダウンすれば利益がゼロになる。あるいは赤字転落まで25%の余裕があることを示しているのです。

　利益図からも明らかなように、損益分岐点比率は固定費をまかなう売上部分であり、一方経営安全率は利益を生む売上部分であるということができます。

　では、損益分岐点比率ないし経営安全率はどのくらいあればよいのでしょうか。損益分岐点比率は、収益の安定度を示すものですから低いほど良いといえます。

　損益分岐点比率について、一般には図表2-5のようにいわれています。

図表2－5　損益分岐点比率判定表

60％未満	安泰
60％～70％未満	健全
70％～80％未満	やや健全
80％～90％未満	要注意
90％以上	危険

　損益分岐点比率100％は利益ゼロ，100％を超えれば赤字です。損益分岐点比率が90％であれば，赤字転落までの余裕が10％しかなく，危険な状態にあります。損益分岐点比率が80％を切ってはじめて，経営として安定しているということができるのです。

[例題2] 赤字会社の利益図

　それでは，赤字会社の利益図はどのような姿になるのでしょうか。
　K社の損益計算書によって利益図を作成してみます。

	金　額	変動費	固定費
売　上　高	1,000		
売　上　原　価	800	800	
売上総利益	200		
販売管理費	300		300
営　業　利　益	－100		
営業外利益	10		－10
営業外費用	10		10
経　常　利　益	－100		

第2章 損益のバランス —— 53

〈データ分析〉
　固定費＝ 300 ＋ 10 － 10 ＝ 300
　または，固定費＝変動利益－経常利益＝ 200 －（－ 100）＝ 300
　変動費＝ 800
　変動利益＝ 1,000 － 800 ＝ 200
　変動利益率＝ 200 ／ 1,000 ＝ 0.2（20％）
〈指標の計算〉
　F ／ M ＝ 300 ／ 200 ＝ 1.5（150％）
損益分岐点売上高＝ 1,000 × 1.5 ＝ 1,500

図表2－6　赤字会社の利益図

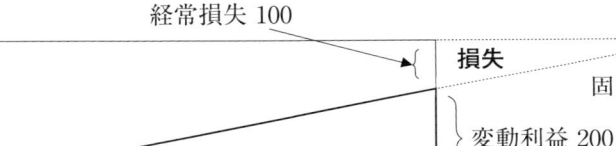

```
            経常損失 100
                ↓
    ┌──────────────────┬────┐　　　損失
    │                  │    │　┌
    │                  │    │  │ 固定費 300
    │         変動利益率20%│    │  │
    │                  │────│  ┤ 変動利益 200
    │                  │    │  │
    │_____│____│  ┘
    0                売上高1,000
                              ↘
                            損益分岐点1,500
                              （150％）
```

　K社の損益分岐点比率150％は，利益ゼロとなる売上高（1,500）に対して，売上が50％不足していることを示しています。

本業の実力「営業利益」をみる

　損益分岐点比率を，営業利益の段階でつかむ場合があります。
　経常利益の段階でいかに優れていても，本業の実力を示す営業利益段階で悪ければ，将来に対して不安が残ります。バブル崩壊後，営業利益がマイナスという企業を多くみかけました。バブルに浮かれ，本業をお

ろそかにした結果です。

　営業利益を増加させるには，まず変動利益の増加に目を向けなければなりません。変動利益は，企業における多くの製品・商品の変動利益を集めたものです。

　図表2－7のデータにより，変動利益率の高い順に積み上げた図を画いてみます。

図表2－7　製品別変動利益表

製品	売上高	変動費	変動利益	変動利益率	固定費	営業利益
A	30	13	17	0.567		
B	44	33	11	0.250		
その他	26	20	6	0.231		
合　計	100	66	34	0.340	25	9

図表2－8　製品別変動利益積み上げ図

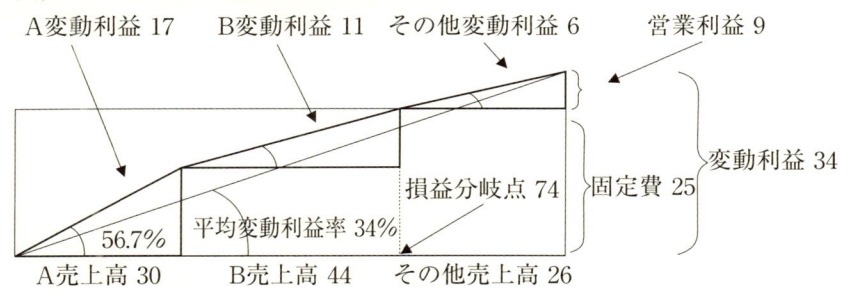

損益分岐点売上高＝売上高100 ×固定費25 ／変動利益34 ＝ 74

　このケースでは，A，B2品種の変動利益で全社の固定費を回収しています。

　要は，変動利益率の高いものをより多く販売できれば，同じ売上高で

も変動利益が増加し，平均の変動利益率もアップする。その結果，固定費に変化がなければ営業利益も増大することになります。

ここで重要なことは，商品を「昨日の商品」，「今日の商品」，「明日の商品」という観点からみてみることです。

「昨日の商品」とは，すでに衰退が始まっている商品。

「今日の商品」とは，今は企業にとって貢献しているが，いずれ他の商品に取って代わられる将来楽しみのない商品。

「明日の商品」とは，これから成長していく楽しみのある商品。

変動利益の大半が「昨日の商品」で占められておれば，早く「明日の商品」を育てる対策を講じなければなりません。

変動利益率と固定費率の傾向分析

損益分岐点比率（F／M比率）は，固定費率f／変動利益率mに置き換えることができます。F／Mの両辺を売上高Sで割ったものがf／mです。したがって，損益分岐点比率はF／M比率であり，f／m比率でもあるのです。

損益分岐点比率について，過去の傾向をみる場合，固定費率fと変動利益率mの動きを対比し，打たれた対策の傾向をつかむこともできます。この手法は，同業他社との比較に役立ちます。

なお，固定費そのものを管理する場合は，固定費率ではなく，固定費の水準つまり固定費の中身が適正かどうかが重要です。

〈事例研究4〉医薬品卸大手4社の損益分岐点比率傾向分析

医薬品卸の業界は，薄利多売の厘毛経営が強いられています。最近は需要が伸びず，競争も激化し，いずこも苦戦しています。

まず，大手4社の損益分岐点比率をみてみましょう。

図表2－9　医薬品卸大手4社の損益分岐点比率の比較　　　（単位：％）

会社名	1992年度	1993年度	1994年度	1995年度	1996年度
ホシ伊藤	78.4	69.9	70.1	71.4	69.2
スズケン	79.0	75.7	73.8	76.8	75.4
ユニック	85.2	84.2	82.1	80.8	80.2
九宏薬品	84.5	77.4	77.2	82.4	80.6

　各社とも，損益分岐点比率を下げて，安定した経営を指向していることが分かります。

　次に固定費率 f と変動利益率 m の各社の動きをグラフでみます。

図表2－10　医薬品卸大手4社の f と m の傾向グラフ

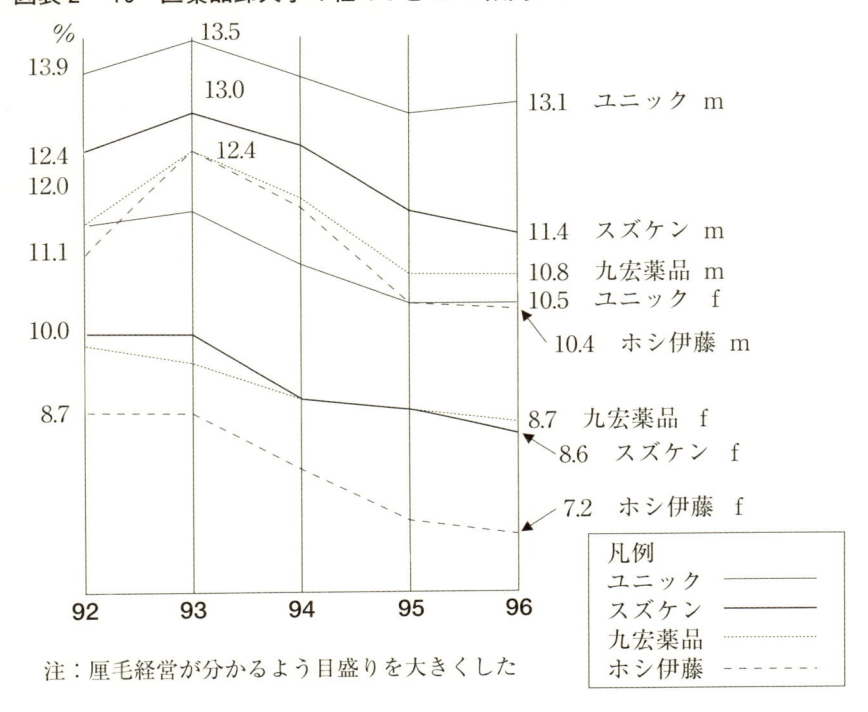

```
％
13.9
       13.5
              
       13.0
              
              12.4                    13.1  ユニック  m
12.4
12.0
11.1
                                      11.4  スズケン  m
                                      10.8  九宏薬品  m
                                      10.5  ユニック  f
10.0                                  10.4  ホシ伊藤  m

 8.7
                                       8.7  九宏薬品  f
                                       8.6  スズケン  f

                                       7.2  ホシ伊藤  f

  92    93    94    95    96

                          凡例
                          ユニック　──────
                          スズケン　──────
                          九宏薬品　……………
                          ホシ伊藤　－－－－－
```

　注：厘毛経営が分かるよう目盛りを大きくした

第2章 損益のバランス —— 57

図表2－10から，各社とも損益分岐点比率が低く安定してきたのは，マージン率（変動利益率）の年々の低下（国の医療行政による）に対応して，経費削減を実施してきたことがよく分かります。

〈事例研究5〉地下鉄サリン事件と利益図

松屋が発表した1995年8月中間決算は，経常利益が3億1300万円と前年同期に比べ15%増えた。粗利率の改善，販売費・一般管理費の削減がきいた。中間期は3%の減収。地下鉄サリン事件などの影響で，主力の銀座店の来店客数が2%減少，浅草店も1%減った。営業日数が前年同期から5日増えたものの補えなかった。外商の売上も7%減と不振だった。

買い取り，自主販売の拡大などにより粗利率を前年同期より0.5%改善した。販管費も削減し，営業利益は同42%増の1億6400万円だった。営業外の株式売却益は4億3800万円（前年同期は2億8800万円）だった。
(1995年10月17日，「日本経済新聞」)

上記の新聞記事について，今まで学んできたことをおさらいします。

図表2－11　松屋の定量分析，定性分析

定量分析	定性分析
①減収3%	①地下鉄サリン事件などの影響で，主力の銀座店の来客数が2%減少 ②外商の売上7%減と不振 ③営業日数5日増でも減収を補えず
②粗利率アップ0.5%	①買い取り拡大 ②自主販売の拡大

ここで注意を要するのは，地下鉄サリン事件の影響による売上減少です。これは「一過性の現象」と判断します。事件だから打つ手はありま

せん。いずれ元に戻るものであり，心配する必要はありません。外商の売上不振，これは打つ手を考えないと慢性的な売上不振に陥ります。

　それでは，松屋の利益図を描いてみましょう（フリーハンド作成）。

図表2−12　松屋の前年対比利益図

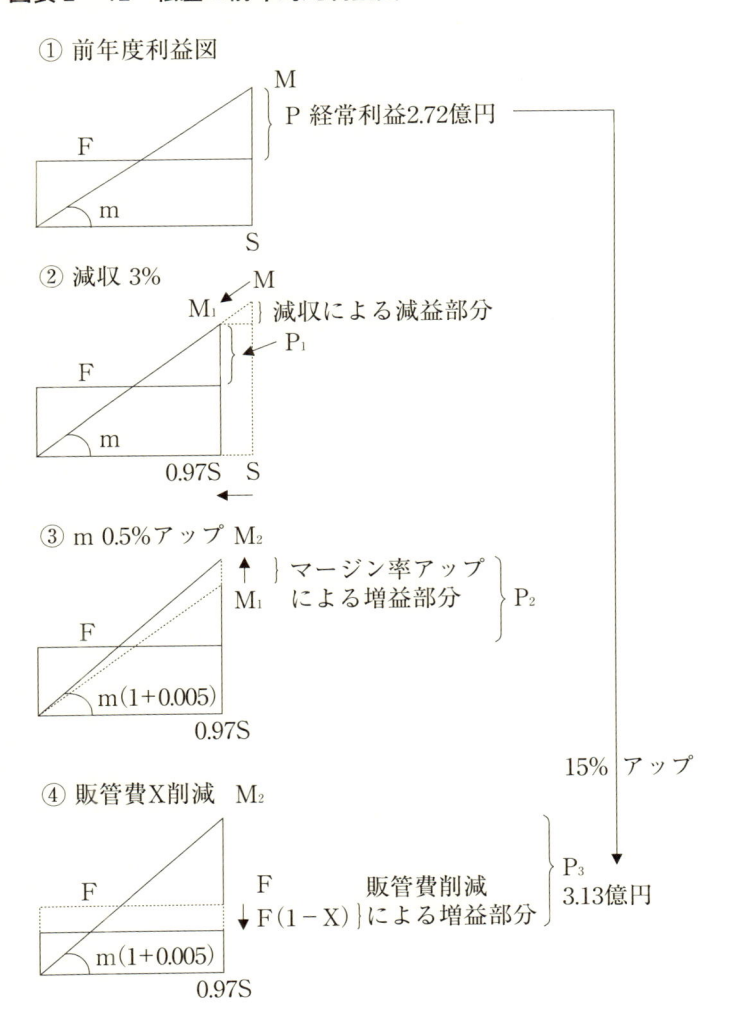

① 前年度利益図

P 経常利益2.72億円

② 減収 3%

減収による減益部分 P_1

0.97S

③ m 0.5%アップ M_2

マージン率アップによる増益部分 P_2

$m(1+0.005)$

0.97S

④ 販管費X削減 M_2

F
$F(1-X)$ 販管費削減による増益部分

$m(1+0.005)$

0.97S

15% アップ

P_3
3.13億円

増益0.4億円をM（＝S×m）とFの要素に分解したのが上の利益図です。

S ↘ 3% × m ↗ 0.5% + F ↘ X ＝増益0.4億円
　　　　　　　　　　　　　　　　($P_3 - P$)

〈事例研究6〉 脅迫事件と赤字転落

食品会社に対する一連の脅迫事件で，犯人の標的にされた森永製菓。業界第2位，従業員3000人を抱える同社は，事件から5カ月たった今も，いつくるかわからない脅迫の不安と1日3000万円の赤字という前例のない危機にさらされている。　　　　　（1985年2月25日，「日本経済新聞」）

グリコ・森永脅迫事件の記事を読んで利益のイメージ図を作成します。

図表2－13　森永製菓の脅迫期間中の推定利益図（月間）

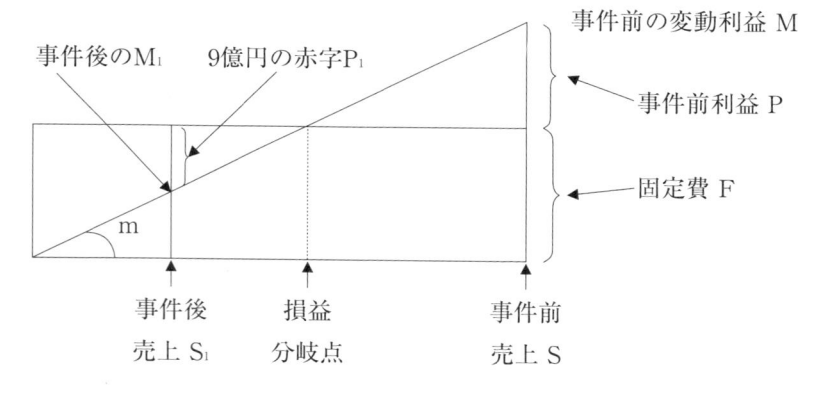

```
事件後のM₁    9億円の赤字P₁              事件前の変動利益 M
                                        事件前利益 P
                                        固定費 F

  m
事件後        損益         事件前
売上 S₁       分岐点        売上 S
```

事件の影響でSがS_1に減少し，それに比例してMもM_1に減少しました。この場合，mとFは事件前と変わらないと想定できるので，利益Pは9億円の赤字へと転落します。この赤字は一過性のものであり，時期がくれば回復するものです。この事例は，mとFが一定で，Sのみが減少したケースです。

損益分岐点比率の経営的意味

損益分岐点比率は次のように理解することができます。
　F：経営幹部・社員のチエと労力（経営体制のコスト）
　M：企業で生み出した価値　　　（経営体制の成果）
成果としての「M」は，「F」によって創造されます。この比率（損益分岐点比率）が低いほど，効率よく成果を上げたことになるのです。

将来指向の定性分析をする場合には，次の点を外してはいけません。
① F（固定費）の中に，経営基盤づくりのための戦略投資が含まれているか（人材や設備に対する先行投資は充分か）。
② M（変動利益）の中に，将来楽しみがある宝が含まれているか（「明日の商品」が育ちつつあるか）。

この点は，事業部門別にF・Mを比較・評価する場合には特に重要です。

なお，ジャック・ウェルチ会長が「経営とは最小のインプットで最大のアウトプットを実現することだ」といっていることは前に述べました。

「アウトプット／インプット」は「M／F」で表わすことができます。つまり，損益分岐点比率（F／M比率）の逆数と考えるのです。優れた企業においては，成果（M）／コスト（F）が高いということと，損益分岐点比率（F／M）が低いということは同じことを意味するのです。

[補説3] 固変分解

利益図を描くには，費用を固定費と変動費とに分解することが前提となります。実務上，この分解は大変面倒ですが，思い切った「割り切り」で切り抜けるのが得策というものです。

20年ほど前のこと，ある業界の卸売業のトップクラスを対象にしたセ

ミナーが名古屋で開かれました。そのとき，自社の決算書に基づいて過去3カ年の利益分析作業をしてもらいましたが，驚いたことに参加者のほとんど全員が，運送費を固定費にするか変動費にするか数年前から検討してきたが，未だに結論が出ないというのです。これは教科書の読みすぎです。

　商品の配達を社員がするのか，運送屋に委託するのか，あるいは両者が混在しているなど，支店によってもまちまちで，分析すればするほど頭の中が混乱してきます。

　著者はそのとき，コーディネーターとして次のような話をしました。
① 　正確さの追求より，収益力の傾向を早くつかむことが優先される（数学的正確さを求めるのは不可能である）。
② 　固定費は，固定した費用と考えてはならない。固定費とは，売上高に対して固定的な性格を持つ費用である。
③ 　変動費の科目を先ず特定し，残りを固定費として扱う。どちらとも決めかねる費用は，固定費として扱う方が経営における安全主義（保守主義）の考え方にマッチする。

　どうして固定費扱いが保守主義かといえば，変動費扱いとした場合に比べて損益分岐点比率が高く算出され，したがって経営安全率がきびしく評価されるからです。

　一般的にいえば，小売業と卸売業の場合，商品の売上原価が変動費，他の科目は固定費であると割り切ってもよいくらいです。

［補説4］ 製造業の変動費

　製造業の場合，生産量に比例して増減する材料費と外注費が代表的な変動費です。この場合，間違いが多いのは，製造原価報告書の材料費や外注費の金額をそのまま売上高と対応させてしまうことです。

製造原価報告書のデータは生産高に対応するものです。生産イコール売上でないのが通常ですから，製品の売上原価のうち，売上高に対応する変動費部分を計算することが必要になります。

　具体的な計算については，第5章の図表5－5および5－7を参照してください。ここでは，変動費の科目が業種や業態によって違うことを理解すれば十分です。

[補説5] 損益分岐点比率は傾向を示す

　利益図（図表2－2）の作成について検討してみます。

　固定費は，売上高がゼロのときも，実際の売上高Sのときも，同じFの高さです。売上高Sのときの固定費Fは，現実に発生した金額です。ところが，売上高ゼロのときの固定費およびB.E.Pのときの固定費は計算することができません。

　そこで，固定費が固定的な性格を持っていることから，途中の売上規模を無視して，売上高ゼロのときの固定費も，売上高Sのときの固定費Fと同じであると想定します（本来利益図は計画図として作成するものです。不確定要素の多い将来の見通しの中で売上高，変動費，固定費がこのような予測値であればという前提の上に立っています）。

　また，売上高Sのときの変動利益Mは現実に発生した金額です。そのときの変動利益率mも現実のものです。しかし，B.E.Pのときの変動利益は計算できません。

　ところで，売上高ゼロのときの変動利益は，間違いなくゼロです。そこで，現実の「ゼロ」と現実の「M」を直線で結びます。これは，変動利益率mは常に一定であることを意味しています。

　つまり，商品売上構成および商品ごとのマージン率mが一定という，非現実的な仮定の上に変動利益を描くのです。

したがって，利益図や損益分岐点比率は傾向を示すものと言わざるをえません。その意味で，損益分岐点比率は小数点1位まで表示するのがよいでしょう。

　経営の動きは，自然科学のように正確につかむことは不可能です。経営では，自然科学的数値を求める必要はなく，経営活動の傾向がつかめれば充分です。利益図ないし損益分岐点分析の出現は，「勘の経営」から「科学的経営」への道を拓いたことで，その功績は大であるということができます。

［補説6］幻の分岐点

　変動利益がマイナスのとき損益分岐点は存在するのでしょうか。

　この場合は瀕死の経営状態であり，損益分岐点比率（F／M）はマイナスを示します。このケースは，オイルショックのとき（1975年頃）一部の企業に発生しました。

　当時の1部上場製造業の損益分岐点比率を参考までに示します。

図表2－14　1部上場製造業の損益分岐点比率（F／M比率）

年　次	合計数	60%未満	60～80%	80～90%	90%以上	瀕死
2年前	551社	13	132	211	195	0
1年前	558	3	47	100	405	3
現　在	582	4	47	120	407	4

出所：別冊「週刊ダイヤモンド」1977年版ダイヤモンド・ランキング総編集

　トップは京都セラミック（現・京セラ）の51.5％，瀕死の会社は台糖，明治製糖，日華油脂および吉原製油の4社でした。瀕死の会社では，原料高（輸入原料の高騰）の製品安で出血が続き，変動費が売上高を超え

てしまいました。したがって，変動利益がマイナスとなり損益分岐点売上高がマイナスで表示されたのです。

マイナス損益分岐点売上高は，全く意味のない計算上出てくるもので「幻の分岐点」と呼ばれています。

[補説7] 数量ベースの分岐点

損益分岐点を数量ベースで表わすこともあります。

例えば，1種類の商品を販売している場合には，販売単価が3とすると，次の計算により損益分岐点販売数量は500となります。

損益分岐点売上高1,500／販売単価3＝500

ケースによっては，数量ベースの方が分かりやすいこともあります。

以下，数量ベースの分岐点の例をみてみます。

① 暗雲漂う開港1周年の佐賀空港（搭乗率ジリ貧）

佐賀空港は東京，大阪，名古屋の3都市に1日5往復と，地方空港では破格の充実した路線でスタートした。とはいえ，主力は東京便で，福岡戦争（大手の半額という格安料金で福岡―東京線に参入したスカイマークエアラインズに対抗して，大手3社は3月から料金割引を拡大し"全面戦争"に突入した）のダメージを受けて全体の搭乗率もじりじりと下落。6月末までの時点で56.8％と，採算ラインとされる6割を切っており，年間を通じても5割台にとどまりそうだ。

(1999年7月27日「日本経済新聞」)

② 日産，損益分岐点下がる

日産自動車は，年間国内生産台数が180万台レベルとしてきた損益分岐点が，同160万～170万台へ下がったことを明らかにした。原価低減活動や労務費の削減など，合理化が予想を上回るペースで進んでいるためだ。

(1996年1月11日「日経産業新聞」)

この他，劇場，映画館，ホテルなどでは，採算ライン（損益分岐点）を入場者数，泊客数などで表わします。このときの団体割引は，早く採算ラインまで人を集めようとする政策からくるものです。

[補説8] 伊藤忠商事，営業部門に新経営指標（経費／利益）を導入

　伊藤忠商事は高コスト体質の是正などリエンジニアリング（業務の根本的改革）を進めるための新しい経営指標を導入した。人件費を含む諸経費（著者注：F）を営業活動で得た利益（著者注：M）で割った値で，利益を上げるのにどれだけの経費がかかっているかを測る。

　（人件費＋物流費＋間接部門の分担金）／（粗利益－金融費用*）×100

　　* 商社では大量の資金を動かしながら取引，投資を進めるため，資金調達にかかわるコストは売上原価に準じるという考え方を取り入れている。一般の企業では，このような金融費用はゼロである。

　各営業部門に3年後の目標値を示し，コストダウン，高収益取引の拡大などを通じて経営効率を高めるよう求めていく。低成長時代を前提に，売上よりも経費を重視した経営指標であるだけに，ほかの業界でも関心を集めそうだ。

　同社が掲げる目標は70％台半ばであるが，重要なのは，どのようなプロセスでそれを実現するかという「戦略」である。まずは各部門の責任者が数字目標を具体的な戦略に移し替えて，従業員の意欲をどれだけ結集できるかが成否のかぎを握っている。この指標の意味を分解して解釈すると，コスト構造と事業構造の両面について改革を求めていることが分かる。

　この比率を下げるには，分子を小さくするか，分母を大きくするか，または両方を一緒に実行すればいい。コストの削減と，利益率の高い事業展開を，並行して進めるのが最も望ましいわけだ。ものさしを比率に

したところに，縮小均衡につながる単純な経費節減運動は避けたいという狙いが込められている。(中略)

この指標の発想が浸透した次の段階では，ROA（総資産利益率）を重視する方針だ。　　　　　　　　　　（1994年8月4日「日本経済新聞」）

[演習問題1]

下記資料により3期と4期の利益図を作成し，図上に損益分岐点売上高および損益分岐点比率を示してください（利益図は，時間を節約するためフリーハンドで作成）。

	4期	3期
売 上 高	100	90
変 動 費	60	54
変 動 利 益	40	36
固 定 費	30	30
経 常 利 益	10	6

[演習問題2]

営業利益ベースの利益図を作成してください。

売 上 高	100
変 動 費	60
変 動 利 益	40
固 定 費	50
営 業 利 益	－10

[演習問題3]

A社は卸売業，K社は製造業です。下記資料により営業利益ベースの利

第2章 損益のバランス —— 67

益図を作成してください。A社は仮の設定。K社は京セラ（1998年3月期，ただし直接原価計算方式）。

	A社	K社
売上高	5,000	4,917
変動費	4,500	2,225
変動利益	500	2,692
固定費	450	2,209
営業利益	50	483

注：直接原価計算については第5章参照

[演習問題4]

演習問題3について，A社（卸売業）とK社（製造業）を比較し，その違いを箇条書きで要約してください。

[演習問題5]

G社の損益計算書により利益図を作成してください。変動費は売上原価のみとします。

売上高	1,000
売上原価	800
売上総利益	200
販売管理費	110
営業利益	90
営業外収益	12
営業外費用	2
経常利益	100

第3章 経常収支(運転資金)のバランス

資金の流れ

どの企業においても,資金不足が生じないように資金管理を行っています。日常の資金繰りの構造は図表3-1のように示すことができます。

図表3-1 資金体系図

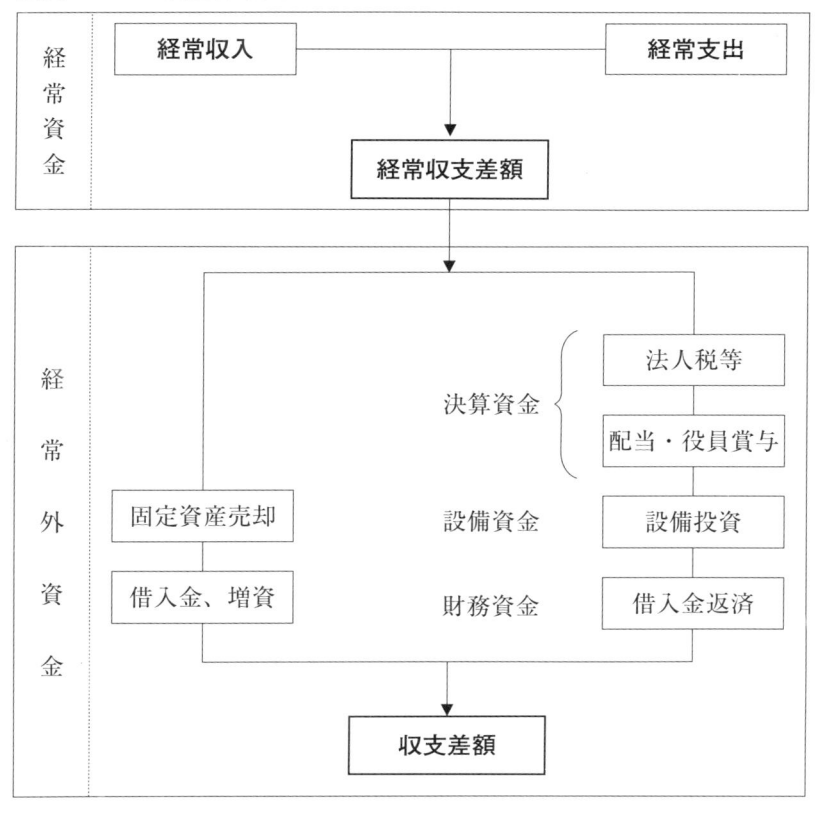

経常資金
- 経常収入 → 経常支出
- 経常収支差額

経常外資金
- 決算資金：法人税等、配当・役員賞与
- 設備資金：固定資産売却、設備投資
- 財務資金：借入金、増資、借入金返済
- 収支差額

資金は「経常資金」と「経常外資金」に大別されます。
　「経常資金」の部分は，損益計算書の「経常損益」にあたる部分（経常損益から生まれてくる部分）で，日常のライン活動の結果でもあります。ここは自己資金を生み出すところであり，会社の財務体質を左右する重要な部分にあたります。したがって，事業部門や支店など現地でのコントロールが必要不可欠となるのです。
　経常外資金の部分は，本社における集中管理が中心となります。
　経常資金は「運転資金」に該当する部分です。「運転資金」とは，仕入→生産→販売→諸経費の支払という日常の営業活動において使う資金のことです。「運転資金」とは資金の使途の状態を示す用語で，設備投資に使う「設備資金」とは区別されます。
　また，運転資金は運転（仕入・生産から販売・回収）によって生ずるところの資金ですから，ある時点では，
　　売上債権＋たな卸資産－仕入債務
の額ほどの資金を必要とすることになります。すなわち，営業を続けている間は，常に用意しておくべき営業続行の資金のことであり，その意味から著者は，
　　「売上債権残高＋たな卸資産残高－仕入債務残高」
を「営業資金残高」（ストックを意味します）と呼んで，フローである「運転資金」と区別しています。
　営業続行資金である「営業資金残高」は通常プラスであり，固定された資金の運用ですから，これを短期借入金でまかなうのは危険であることが分かります。

経常収支分析

経常損益と経常収支

資金の動きを,損益計算書科目の損益と貸借対照表科目の営業資金残高増減とを結び付けてとらえてみます。

(1) 売上代金入金

売上代金の入金には次の3つパターンがあります。

図表3－2　売上代金入金図

① 現金売上　　② 掛売上（1）　　③ 掛売上（2）

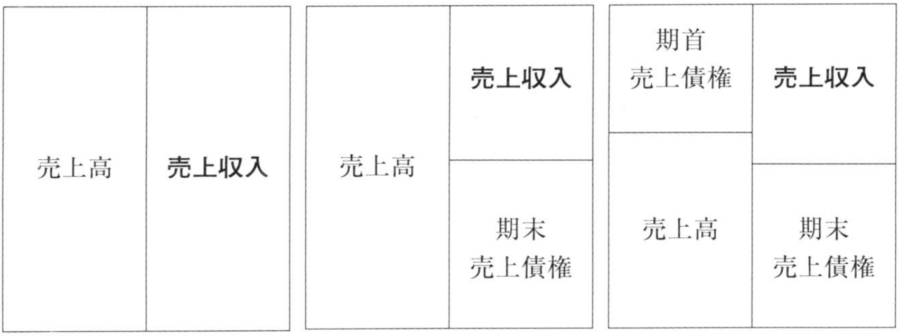

① 売上収入＝売上高
② 売上収入＝売上高－期末売上債権
③ 売上収入＝売上高＋期首売上債権－期末売上債権
　　　　　＝売上高－（期末売上債権－期首売上債権）

売上債権（売掛債権という人もいます）は「受取手形＋売掛金」のことです。

(注) 受取手形 ── 手形代金を受取る権利。割引手形を含み,固定資産等売却手形を含みません。

売掛金 ── 商品を販売した代金を将来受取る権利。前受金は減算します。

(2) 仕入代支払

仕入代金の支払には次の3つがあります。

図表3－3　仕入代金支払図

① 現金仕入　　② 掛仕入（1）　　③ 掛仕入（2）

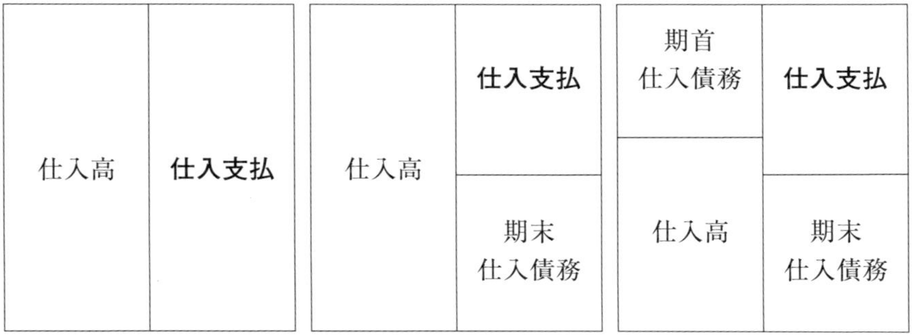

仕入高	仕入支払		仕入高	仕入支払		仕入高	期首仕入債務	仕入支払
				期末仕入債務				期末仕入債務

① 仕入支払＝仕入高
② 仕入支払＝仕入高－期末仕入債務
③ 仕入支払＝仕入高＋期首仕入債務－期末仕入債務
　　　　＝仕入高－（期末仕入債務－期首仕入債務）

仕入債務（買掛債務という人もいます）とは「支払手形＋買掛金」のことです。

（注）支払手形――手形代金を支払う義務。設備等支払手形を含みません。

　　　買掛金――商品を購入した代金を将来支払う義務。前渡金は減算します。

(3) 売上原価と仕入支払

売上原価図は図表3－4のようになります。

また，売上原価をベースにした仕入支払の計算は次のようになります。

仕入高＝売上原価＋（期末棚卸高－期首たな卸高）……………（5式）
仕入支払＝仕入高－（期末仕入債務－期首仕入債務）…………（6式）

図表3－4　売上原価図

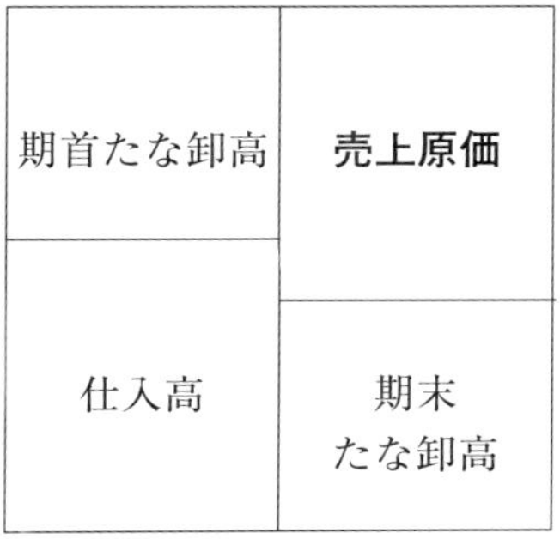

期首たな卸高	売上原価
仕入高	期末たな卸高

　ここで，仕入高を売上原価ベースに置き換える（6式の仕入高に5式を代入する）と，
　　仕入支払＝売上原価＋（期末棚卸高－期首たな卸高）－（期末仕入債務
　　　　　　　－期首仕入債務）
となります。
（4）経費支払
　経費の中には支出を伴わない費用（非現金費用といいます。減価償却費がその代表）が含まれているので，支払は次のように計算されます。
　　経費支払＝経費－非現金費用
　　経費＝製造経費＋販売費・管理費＋営業外費用－営業外収益
　営業外収益を経費のマイナスとする理由は，マイナス固定費と考えるからです。こうすることにより，売上高を横軸とするグラフが描けます。
　（注）実務では，前払経費や未払経費，ないし未収金や前受収益がある
　　　　場合は，これらを加減しなければなりません。ここでは，資金収支
　　　　の基本を説明しているため，枝葉末節のところは省略しています。
　以上をまとめたものが図表3－5です。

図表3-5　経常損益・経常収支対応図

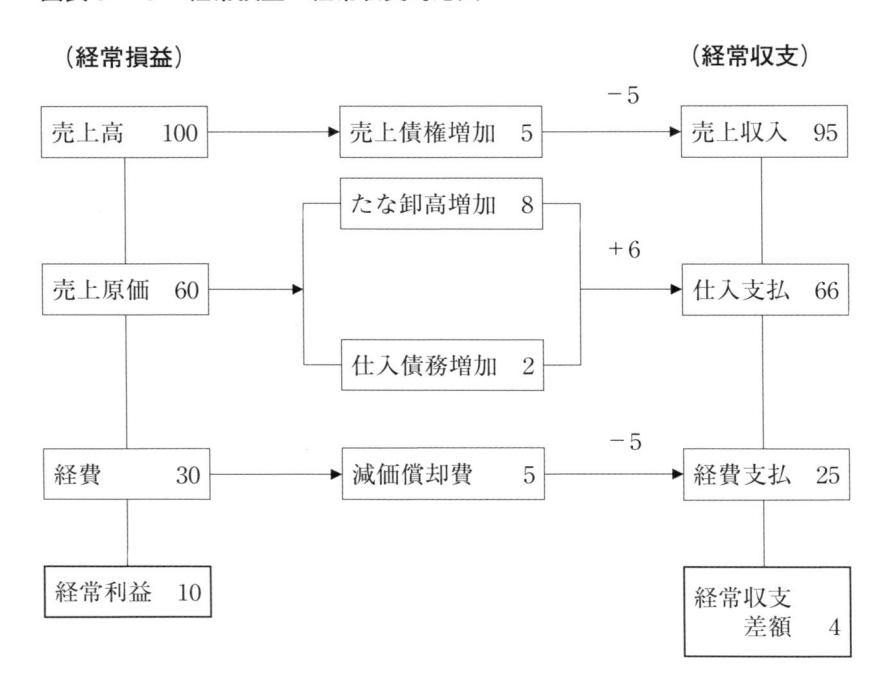

（経常損益）　　　　　　　　　　　　　　　　　　　（経常収支）

```
売上高 100 ──→ 売上債権増加 5 ──−5──→ 売上収入 95

売上原価 60 ──→ ┌ たな卸高増加 8 ┐
                │                │ ──+6──→ 仕入支払 66
                └ 仕入債務増加 2 ┘

経費 30 ──→ 減価償却費 5 ──−5──→ 経費支払 25

経常利益 10                              経常収支差額 4
```

　上の図からも明らかなように，経常利益，営業資金残高，経常収支差額の関係は，図表3-6のように要約することができます。

図表3-6　経常利益，営業資金残高，経常収支差額の関係図

営業資金増加 11

経常利益 10 ＋ 減価償却費 5 − (売上債権増加 5 ＋ たな卸高増加 8 − 仕入債務増加 2) ＝ 経常収支差額 4

この式は，経常損益に対応させて経常収支の構造を示すもので，経常収支（運転資金）が「利益」と「回転」を通じてどのように生まれるのかを教えてくれます。

　したがって，運転資金を楽にするポイントは次の4つに絞り込まれます。

① 利益（特に営業利益）確保
② 売上債権短縮
③ 在庫圧縮　　　　　　　　回転の効率化
④ 仕入債務拡大

　なお，「経常利益＋減価償却費」の部分は，企業自ら稼いだお金です。

　減価償却費を加算するのは，経常利益が減価償却費控除後の利益であるから，現金支出のない減価償却費を戻して償却前利益を計算するためです。

　また，〔　〕の部分は営業資金の増加を示し，いくら利益を出しても営業資金が増えれば，その分だけ運転資金が減ることを表わしています。

経常収支差額

（1）経常収支差額式

経常収支差額が，

「経常利益＋減価償却費－（期末営業資金－期首営業資金）」

から生まれてくることは前にふれたとおりです。この式は，自己資金を生み出す第一の源泉が経常利益であることを示しています。

　期中における「営業資金増加」については，以下のように考えれば分かりやすいでしょう。

　期首営業資金（売上債権を念頭においてください）が期末までにそっくり入金し，新たに期末において，期末営業資金分だけ出金されて滞留

するものと想定します。つまり,
　①　期末営業資金が期首営業資金よりも増加した場合は,期間中に滞留資金が増加し,その分だけ運転資金に余裕がなくなったことになり,
　②　期末営業資金が期首営業資金よりも減少した場合は,期間中に滞留資金が減少し,その分だけ運転資金に余裕を生み出したことになるのです。
(2) 経常収支差額がプラスの場合

経常収支差額がプラスの場合は,収入超過の額ほど,企業の経営活動によって金利のつかない自己資金が生み出されたということができます。
　ただし,「勘定合わず銭足りる」といわれる次のような場合は要注意です。

|経常損失＋減価償却費|＜営業資金減少

　これは,利益からの資金づくりができていないため,ついには運転資金が足りなくなり倒産することになります。
　(3) 経常収支がマイナスの場合

経常収支がマイナスの場合は,支払超過の額ほど,運転資金を必要とします。ただし,「勘定合って銭足らず」といわれる次のような場合は要注意です。

|経常利益＋減価償却費|＜営業資金増加

　この状態が続けば倒産（黒字倒産）することになります。倒産の時期は,外部から資金を調達できなくなったときです。
　(4) 体質判定

「勘定合わず銭足りる」や「勘定合って銭足らず」の場合,利益や営業資金増減の中に一過性のものがあれば,この異常値を取り除いて運転資金体質を判定することになります。

〈事例研究7〉和議申請会社の綱渡り経営

1984年7月，R社が和議申請を行いました。当時の「日本経済新聞」の記事（図）をそのまま紹介します。

図表3－7　資金繰りで綱渡り経営（R社和議申請）

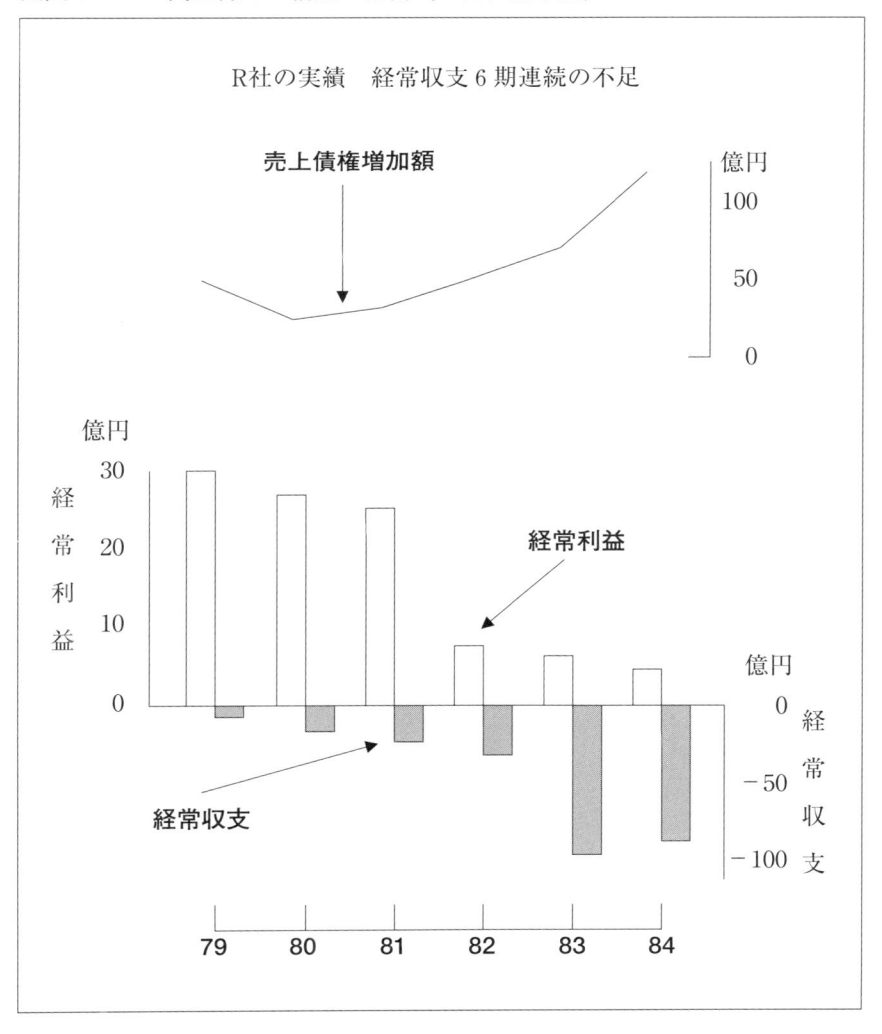

第3章 経常収支のバランス —— 77

倒産の経緯は，図をみれば一目瞭然です。経常利益が年々激減する一方で，売上債権は年々急増するという倒産の見本そのものです。その結果，経常収支はマイナス，それも年々マイナスは大きくなり，したがって短期借入金の増加が著しく，倒産前の2年間で245億円から407億円へと急増しています。その借入金の増加も，大半がメイン銀行以外であったことから，資金繰りに相当苦しんできたことがうかがえます。

　後日，大掛かりな粉飾決算が指摘されましたが，それによれば1979年以降は毎期赤字であったということです。粉飾で利益はどうにでもなりますが，資金はごまかせません。前にも述べたように，利益は意見，キャッシュは事実です。経常収支を分析すれば，外部の人でもある程度の粉飾は分かります。

〈事例研究8〉 不安定な運転資金の構造

　卸業を営むT会社の4期間における経常収支差額の要因分析表は次のとおりです。

図表3－8　T社経常収支要因分析表

	10期	11期	12期	13期
経常利益	－2	0	2	－1
減価償却費	1	1	1	1
営業資金増加	－177	24	113	－60
経常収支差額	176	－23	－110	60

注：営業資金増加欄の［－］は営業資金減少を意味しています

　この会社は，わずかな赤字か，わずかな黒字の利益体質のため，営業資金が減少すれば，その分だけ経常収支差額はプラス，逆に営業資金が増加すれば，その分だけ経常収支差額はマイナスになっています。利益

から生まれる資金がほとんどない，全く不安定な運転資金の構造を示しています。

営業資金と回転期間

営業資金とB／S
図表3－9　期末営業資金図

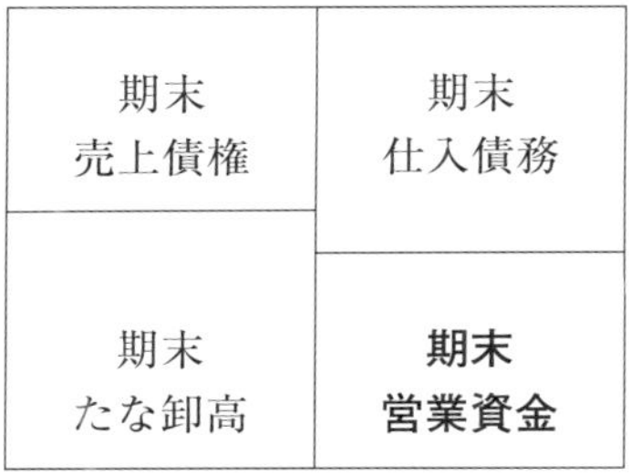

期末 売上債権	期末 仕入債務
期末 たな卸高	**期末 営業資金**

　「営業資金」は，期末などの一時点における差額として計算されます。
　これを期末B／Sで見てみれば，「売上債権」と「たな卸資産」は流動資産の中，「仕入債務」は流動負債の中の重要科目として登場しています。つまり，「売上債権」と「たな卸資産」は資金の運用状態を，「仕入債務」は資金の調達状態を表わしています。くだいていえば，「売上債権」と「たな卸資産」は寝ている資金であるから資金の減少要因となり，一方「仕入債務」は浮いている資金であるから資金の増加要因となるのです。

回転期間
　いくら利益を出しても売上代金回収ができないと資金は生まれません。この場合は，売掛金または受取手形としてお得意先のところに資金が滞留しているわけです。また，代金を支払った商品が倉庫の中に滞留しているようでは資金は生まれません。

この滞留している期間を「回転期間」といい，月数で示せば「回転月数」，日数で示せば「回転日数」といいます。

他方，商品を仕入れても代金決済が済むまでは資金は出ていきません。この支払延期（未決済）の期間は，マイナスの滞留期間を意味します。これらの回転期間は，商品仕入や販売の仕方が反映したものです。

回転期間の計算

回転期間等は次のように計算されます。

  回転期間＝残高／売上高

  回転月数＝残高／平均月商

  回転日数＝残高／365

売上高／残高は「回転率」と呼ばれ，ここでいう回転期間とは区別されます。

いま，年商が600で期末の営業資金が次の場合の回転期間（売上比率）と回転月数は図表3－10のとおりです。

図表3－10　回転期間の計算

	期末残高	売上比率	回転月数
売　上　債　権	200	0.333	4
在　　　　庫	50	0.083	1
仕　入　債　務	230	0.383	4.6
（差引）営業資金	20	0.033	0.4

これから後の説明では，期末営業資金売上比率が度々登場します。

また各営業資金別では回転月数が重要です。当たり前のことですが，売上比率に12を掛ければ回転月数となります。在庫および仕入債務の回転期間計算式の分母には，売上原価や仕入高が使われることがありま

すが，資金分析をする場合には売上高を使います。その理由は，仕入れから回収までの間にどれだけ資金が滞留しているかをつかむために各項目の回転期間を合算しますが，その場合，分母が共通していることが必要だからです。

ただし，現場（倉庫係や購買係など）では，計算式の分母は売上原価や仕入高によるのが実務的です。それは，商品の流れを数量ベースでとらえることになるので，単品ごとの異常管理に役立つからです。現場の人の目に映る現品の動きと同じですから，問題があれば，速やかに対策を講じることができます。

また，売上債権の管理について，営業管理者レベルでは，「回転期間」ではなく，「年齢調べ」がより重要です。年齢調べは異常値や不明残高の有無を見付けるきっかけとなります。

回転速度のバランス

仕入から回収までの滞留期間を月数で示せば，図表3－11のようになります。

図表3－11　回転速度図

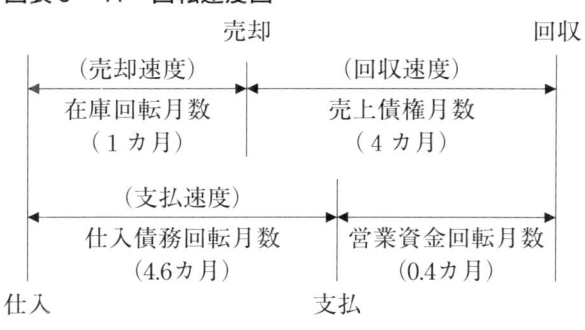

```
                   売却                    回収
    ┌──(売却速度)──┼──(回収速度)──┐
       在庫回転月数      売上債権月数
        （1カ月）         （4カ月）

    ┌─────(支払速度)─────┼──────┐
       仕入債務回転月数    営業資金回転月数
        （4.6カ月）         （0.4カ月）
   仕入              支払
```

図における営業資金回転月数0.4カ月は，営業資金の先行支払を意味しています。

売掛金残高の分解

期首売掛金 100 ＝前期末回転月数 2.0 ×前期平均月商 50 とすると図表 3 − 12 が描けます。

図表 3 − 12　売掛金残高の分解

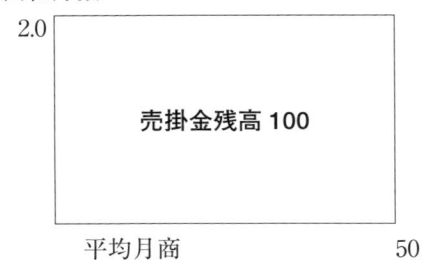

回転月数

```
2.0 ┌─────────────────────┐
    │                     │
    │    売掛金残高 100   │
    │                     │
    └─────────────────────┘
    平均月商           50
```

また，期末売掛金 132 ＝当期末回転月数 2.2 ×当期平均月商 60 とすると図表 3 − 13 のようになります。

図表 3 − 13　売掛金増減要因分解図

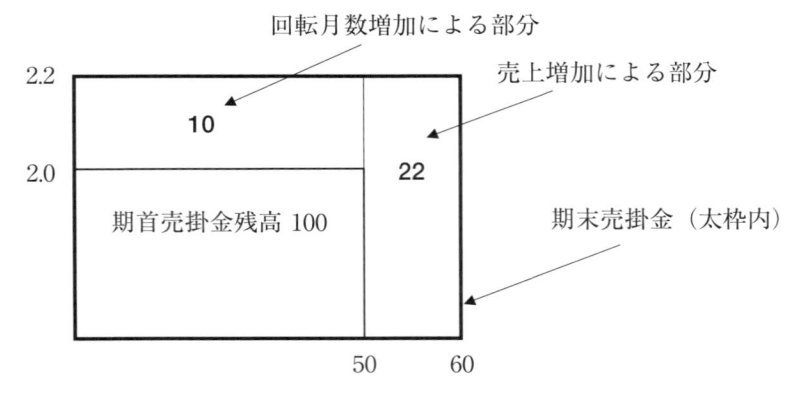

```
              回転月数増加による部分
                     ↓
                        売上増加による部分
                             ↓
2.2 ┌──────────────┬──────┐
    │      10      │      │
2.0 ├──────────────┤  22  │
    │              │      │
    │ 期首売掛金残高 100 │      │   期末売掛金（太枠内）
    │              │      │ ←
    └──────────────┴──────┘
                   50     60
```

売掛金増加 32 ＝回転月数増加による部分 10 ＋売上増加による部分 22
（上の図では，重要性の原則から共通部分を売上増加による部分に加算して表示）

受取手形，在庫，支払手形および買掛金についても，図表3－13のような分解図を描くことが可能です。そして，次のように整理することができます。
　　営業資金増加＝回転月数増加による部分＋売上増加による部分＋共通
　　　　　　　　　部分
　（［補説10］売掛金増減分析および［補説11］売上債権と仕入債務の回転月数分析を参照）
　要するに，営業資金残高（細かくは売上債権，在庫，仕入債務の残高）の増減のうち，回転月数の増減に起因する部分は，問題点として俎上に上げなければなりません。
　売上債権には押し込み販売はないのか，在庫には仕入の問題がないのか，仕入債務の場合には仕入先との間で問題がないのかを吟味する必要があります。
　売上増加が営業資金増加の原因である場合は，当然のことで大きな問題はありません。ただ，急成長企業の場合は，資金調達能力とのバランスに気を付ける必要があります。
　東邦薬品の松谷義範社長の格調高い文の中に，ビジネスに携わる者の行動基準が示唆されているように思います。以下，要約して引用してみます。
　「仕入支払と売掛金回収に対する考え方
　①　仕入支払は取引条件通りとせよ。そうしないと，資金繰りの現状を正しくつかむ標識が狂うことになる。
　　　利益の有無，また回収が順調か，そうでないかに気がつかない。
　　　支払の繰延や過少支払は邪道であり，ツケがやがてまわってくる。
　②　売掛金の回収強化はダメ。無理な回収は，次月の回収額が下がる。
　　　毎月毎月回収額を睨みつつ一喜一憂するのは，あまりにも自信のな

い経営だ。回収の原点である売りそのものの実体の検討に回帰しなければならない」

（「経営思想とその計数的展開」経営論文集Ⅲ，モンジュ社）

〈事例研究9〉 月次決算報告における資金分析

商事会社M社の11月度月次決算報告のうち，営業資金増減要因分析部分は次のようであった（単位省略）。

ここでは様式の紹介にとどめます。

資料1　営業資金は前月より530増加，回転月数で0.5カ月の増加となっています。

図表3－14　全社営業資金残高推移　　　　　　　　　　　（単位××）

項目	1999.11 残高	1999.11 月数	1999.10 残高	1999.10 月数	増加 残高	増加 月数
受取手形	1,000	1.0	720	0.8	280	0.2
売掛金	1,800	1.8	1,440	1.6	360	0.2
売上債権	2,800	2.8	2,160	2.4	640	0.4
たな卸資産	1,000	1.0	810	0.9	190	0.1
支払手形	2,000	2.0	1,800	2.0	200	
買掛金	1,000	1.0	900	1.0	100	
仕入債務	3,000	3.0	2,700	3.0	300	
(差引)営業資金	800	0.8	270	0.3	530	0.5

資料2　営業資金増加の要因は次のとおりです。

図表3－15　営業資金増減要因分析表

項目	営業資金増加 ①	増加要因			
		売上増加 ②	回転月数増加 ③	手形比率増加 ④	手形サイト増加 ⑤
受 取 手 形	280	100	（＋0.2月）180	（－0.05%）－75	（＋13日）255
売 掛 金	360	180	（＋0.2月）180		
たな卸資産	190	100	（＋0.1月）90		
支 払 手 形	200	200		（－0.02%）－51	（＋2日）51
買 掛 金	100	100			
（差引）営業資金	530	80	450		

注：① ＝ ② ＋ ③
　　③ ＝ ④ ＋ ⑤
　計算方法については［補説12］営業資金増減要因の計算を参照

　図表3－15により，特に受取手形サイトの増加が問題であることが分かります。

回転差資金

　営業資金残高がもしプラスで，回転月数に変化がなければ，売上が増えれば当然それに比例して資金を必要とするし，逆に営業資金残高がマイナスの場合は，売上が増えれば資金が余ってきます。営業資金残高のマイナスにより余る資金を「回転差資金」と呼んでいます。

　「現金商売」や「日銭商売」の場合で，スーパーやファミリーレストランなどのサービス業が該当します。このような業態では，新規店舗の出店で売上を増やし，回転差資金を利用して急成長してきました。

第3章　経常収支のバランス —— 85

この他では，医薬品卸売業も大半が営業資金残高がマイナスであり，その資金余剰のおかげで無借金経営を保ってきました。これは現金商売ではないが，仕入先との特殊な関係からくるものであり，いつまでもこの状態が続くことはないでしょう。

　回転差資金は，売上が増加するときは大変有効ですが，売上が減少傾向になった場合には逆に運転資金が不足します。固定資産投資が回転差資金に依存しすぎていると危険な状態に陥ります。

経常収支比率

資金移動表

　資金繰りのない経営はありえません。零細企業を除き，独自の資金繰り表があるはずです。様式は企業の自由ですが，次のような様式は時代遅れといわざるをえません。

　　　前月末現預金残＋収入－支出＝当月末現預金残

　つまり，収入項目には，売上回収，預り金収入や借入収入などを，支出項目には，仕入支払，経費支払，固定資産購入代や借入金返済などを羅列しているものです。単に金の増減のつじつま合わせでは，行動と成果がつかめません。

　資金の動きを行動別（営業活動か，財務活動か）にとらえようとする資金表の１つに，「資金移動表」があります。

　資金移動表は，期首と期末の貸借対照表と当期の損益計算書から間接的に資金の動きをとらえるものです（作成方法は，この本の目的から外れるので省略します）。自社の資金の動きを知るばかりでなく，取引先の信用調査などでもよく使用されます。特に，１年間または半年間の運転資金状況を分析するのに役立ちます。

　資金移動表の経常収支部分の例を図表３－16に掲げています。

図表 3-16　資金移動表（経常収支部分）

I　経常収入			
売上高		6,600	
期末売上債権	4,180		
期首売上債権	4,000		
売上債権増加		180	
売上収入			6,420
営業外収入			20
経常収入			**6,440**
II　経常支出			
売上原価	5,280		
期末在庫	1,100		
期首在庫	1,000		
在庫増加	100		
仕入高		5,380	
期末仕入債務	5,060		
期首仕入債務	4,600		
仕入債務増加		460	
仕入支出			4,920
販売費・管理費	1,020		
営業外費用	20		
減価償却費	20		
経費支出			1,020
経常支出			**5,940**
経常収支差額			**500**

経常収支比率の意味と見方

経常収入と経常支出とのバランスは，経常収支比率でみることができます。経常収支比率は次の式で計算します。

経常収支比率＝（経常収入／経常支出）× 100

経常収支比率が100％を超えていれば，運転資金余剰

経常収支比率が100％未満であれば，運転資金不足

ということができます。

つまり経常収支比率は，財務体質が健康体であるかどうかを測る物差しであり，体温計であるということができるのです。

図表3－16の資金移動表から経常収支比率を計算すると，108.4％となります。

経常収支比率＝（6,440／5,940）× 100 ＝ 108.4％

経常収支比率をみる場合，以下の点に注意が必要です。

① 経常収支比率が100％未満の場合，一過性のものか，慢性型の悪質のものかの識別が大事です。この比率が数期間連続して100％未満であれば，倒産を招くおそれがあります。
② 数年に及ぶ売上債権回収など長期のスパンで営業する企業は，この指標だけで支払能力をみることは困難です。
③ 粉飾によって利益操作を行っても，この比率は資金の実態を示します。

月次の経常収支比率

体温計である経常収支比率は，刻々と変化していきます。そこで，月次資金繰表によりこの比率を計算し，チェックします。その場合，季節変動などの影響を取り除くため，移動年計（常に過去1年間の平均）で比率を計算します。

〈事例研究10〉興人の倒産

興人は倒産直前まで「安全企業である」との評価を得ていました。その根拠は，同業種の中で一番流動比率（流動資産／流動負債）が高いというものでした。

1974年度における流動比率

　　紙パルプ1部上場平均 106.9％

　　製造業1部上場平均 111.4％

興人

　1973年度　150.6％

　1974年度　141.1％（倒産直前 128.1％）

流動比率（流動資産／流動負債）は100％以上必要で，しかも高いほど良い会社であるといわれています。

しかし，この比率を読む場合の限界として次のことがあげられます。

① 　資金ショートの予知は不可能である。
② 　危ない会社を優良会社と誤診するおそれがある。

興人の経常収支比率は，図表3－17のように100％を長い間下回っており，ついに1975年8月倒産したのです。

図表3－17　興人の経常収支比率

年度	71.10	72.4	72.10	73.4	73.10	74.4	74.10	75.4
比率(％)	93	84	74	69	83	98	86	80

このような運転資金不足の状態で生きていくためには，不足額を外部から輸血しなければなりません。輸血が止まれば即倒産です。

興人の借入金は年々増大し，倒産直前には年商の118％にも達していました。

金利負担率（支払利息／売上高）も，次のようにドロ沼に落ち込んで

いきました。

 1971 年度 7.1％
 1973 年度 8.2％
 1974 年度 9.4％
 倒産直前 15.0％

経常収支比率はどれくらいあればよいのか

　経常収入から経常支出を差し引いた残りが金利の付かない自己資金です。税金や配当等の支払にはこの資金を充てるべきです。

　すなわち，企業の財務体質を強化するには，最低でも次の式が成立しなければなりません。

　経常収入＝経常支出＋決算資金

　（決算資金とは，法人税等＋配当金支払＋役員賞与のことです）

　したがって，最低必要経常収支比率は，

　最低必要経常収支比率＝経常収入／経常支出
　　　　　　　　　　　＝（経常支出＋決算資金）／経常支出
　　　　　　　　　　　＝100％＋決算資金／経常支出

となります。

　もし，決算資金／経常支出が2％相当であれば，最低必要経常収支比率は，

　100％＋2％＝102％

となります。

　さらに，借入金の返済や通常行う設備投資資金まで賄えるところの目標経常収支比率は，

　目標経常収支比率＝100％＋（決算資金＋設備資金＋借入金返済）／経常支出

となります。

必要かつ目標の経常収支比率を設定したら，実績がどうであるか毎月資金繰表でチェックする必要があります。

経常収支図と分岐点

経常収支図

次に経常収支図を描いてみましょう。

経常収支＝経常収入－経常支出

　経常収入＝売上収入＋営業外収入

　経常支出＝仕入支出＋製造費・営業費支出＋営業外支出

売上高を基準にして作図するため，次のように変形します。

経常収入＝売上収入

経常支出＝仕入支出＋製造費・営業費支出＋営業外支出－営業外収入

図表 3 － 18　経常収支図 (1)

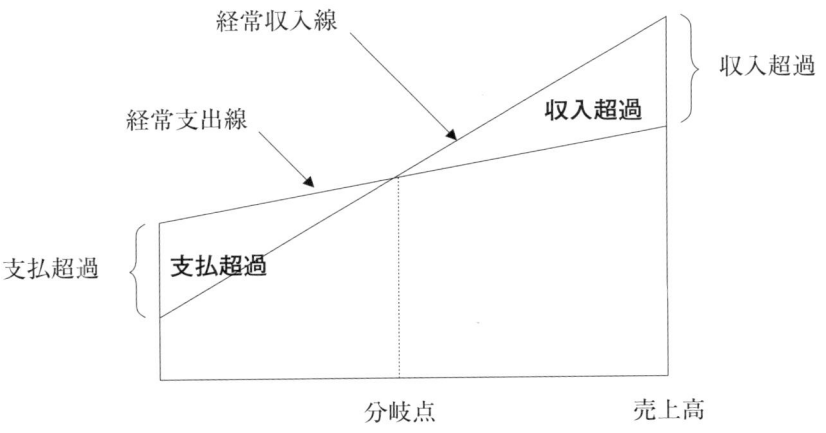

収支分岐点の計算式

経常収支の計算式は前にも述べました。

経常収支＝経常利益＋減価償却費―（期末営業資金―期首営業資金）
　　　　………………………………………………………………（7式）

経常利益＝変動利益―固定費…………………………………（8式）

7式の経常利益に8式を代入すると，

経常収支＝変動利益－固定費＋減価償却費－（期末営業資金－期首営業資金）………………………………………………………（9式）

9式を売上比例のものについて変形すると次のようになります。

経常収支＝売上高×変動利益率－固定費＋減価償却費－売上高×期末営業資金比率＋期首営業資金……………………………（10式）

したがって経常収支ゼロのとき次の式が成立します。

　売上高×変動利益率－売上高×期末営業資金比率
＝固定費－減価償却費－期首営業資金…………………………（11式）

売上高でくくると

　売上高（S）×（変動利益率－期末営業資金比率）
＝固定費－減価償却費－期首営業資金…………………………（12式）

したがって，収支分岐点売上高（S）の計算式は次のようになります。

収支分岐点売上高（S）＝ $\dfrac{\text{固定費 F －非現金費用 N －期首営業資金 A}}{\text{変動利益率 m －期末営業資金比率 t}}$

　………………………………………………………………………（13式）

算式の一番左側にある「固定費F／変動利益率m」は損益分岐点売上高の計算式です。損益分岐点売上高の計算式が「(F／M)×S」であることは前に説明しました。

「(F／M)×S」は次のようにF／mへ展開できます。

　(F／M)×S＝(F×S)／M＝(F×S)／(m×S)＝F／m………(14式)

つまり，収支分岐点は損益分岐点と営業資金回転期間の上に成り立っています。

この式は，利益が出ないと経常収支は悪くなり，また利益が出ても営業資金回転期間が長くなれば，経常収支は悪くなることを示しています。

〈事例研究8〉でも紹介したように，安定した自己資金を貯める第一の要素は利益の確保であることを教えてくれているのです。

経常収支図の作成

[例題3] X社の決算関係資料は次のとおり。

① 損益計算書

売上高	6,600
売上原価	5,280
売上総利益	1,320
販売費・管理費	1,020
営業利益	300
営業外収益	20
営業外費用	20
経常利益	300

注：販売費・管理費には減価償却費20を含む。

② 営業資金残高

項目	期首残高	期末残高	期末売上比率
売 上 債 権	4,000	4,180	0.63333
在 庫	1,000	1,100	0.16667
仕 入 債 務	4,600	5,060	0.76667
（差引）営業資金	400	220	0.03333

(1) 直接原価計算表の作成

売上高	6,600
変動費	5,280
変動利益	1,320
固定費	1,020
経常利益	300

注：変動費＝売上原価
　　固定費＝販売費・管理費＋営業外費用－営業外収益

(2) 資金移動表（経常収支の部）の作成（図表3－16と同じ）

経常収入			
売上高		6,600	
期末売上債権	4,180		
期首売上債権	4,000		
売上債権増加		180	
売上収入			6,420
営業外収入			20
経常収入			6,440
経常支出			
売上原価	5,280		
期末在庫	1,100		
期首在庫	1,000		
在庫増加	100		
仕入高		5,380	
期末仕入債務	5,060		
期首仕入債務	4,600		
仕入債務増加		460	
仕入支出			4,920
販売費・管理費	1,020		
営業外費用	20		
減価償却費	20		
経費支出			1,020
経常支出			5,940
経常収支差額			500

(3) 収支分岐点売上高の計算

収支分岐点 ＝ (F 1,020 － N 20 － A 400) ／ (m 0.20000 － t 0.03333)

　　　　　＝ 固定支出 600 ／ 変動収入率 0.16667

　　　　　＝ 3,600

　収支分岐点の分子を構成する固定費 F，減価償却費 N および期首営業資金 A は，当期の売上高には関係なく発生する項目です。したがって (F － N － A) がプラスの値をとるときは，当期の売上高には関係なく支出されるので，「固定支出」と呼びます。

　一方，分母を構成する変動利益率 m と期末営業資金比率 t は，当期の売上高に比例して変動する項目です。したがって (m － t) がプラスの値をとるときは，売上高に比例して現金が回収される割合（変動利益のうち期末に滞留せず入金になる割合）を示すので，「変動収入率」と呼びます。したがって，X 社の場合の収支分岐点は「固定支出／変動収入率」で算出されました（損益分岐点の計算式である「固定費 F／変動利益率」と対応しています）。

(4) 経常収支図の作成

　図表 3 － 18 の経常収支図（図表 2 － 1 に対応）は実用的ではないので，図表 2 － 2 対応の経常収支図を作成します。

　固定費と変動利益を利益図上に描く方法は［補説 5］で説明しました。経常収支図を作成する場合も考え方は同じです。固定支出は固定費の場合と同じく，売上高ゼロのときも 6,600 のときも同じ高さで表します。

　変動収入率に売上高を乗じたものは「変動収入」と呼ばれます。変動収入も変動利益の場合と同じく，売上高がゼロのときはやはりゼロです。一般的な経常収支図は図表 3 － 19 のようになります。

　分岐点を境にして，それより売上高が多ければ収入超過，少なければ支出超過です（利益図をマスターされている読者の皆さんには抵抗なく

第 3 章 経常収支のバランス — 95

脳に刻み込まれるはずです）。

図表3－19　経常収支図（2）

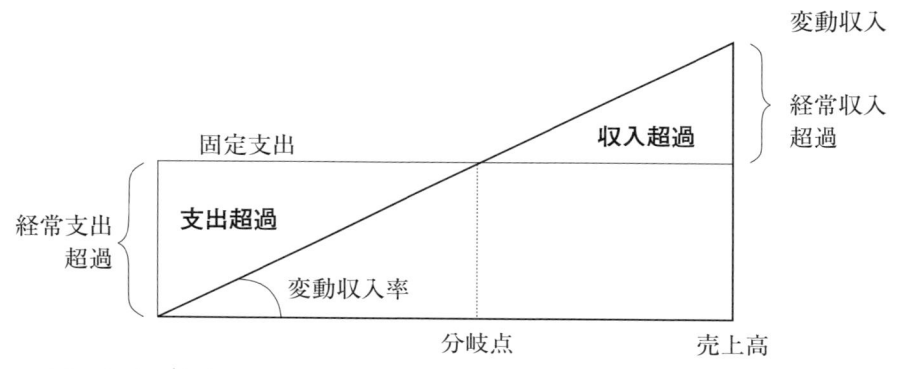

(5) 利益図と収支図の関係

利益図と収支図の関係を示せば，図表3－20のようになります。

図表3－20　利益・資金関連図

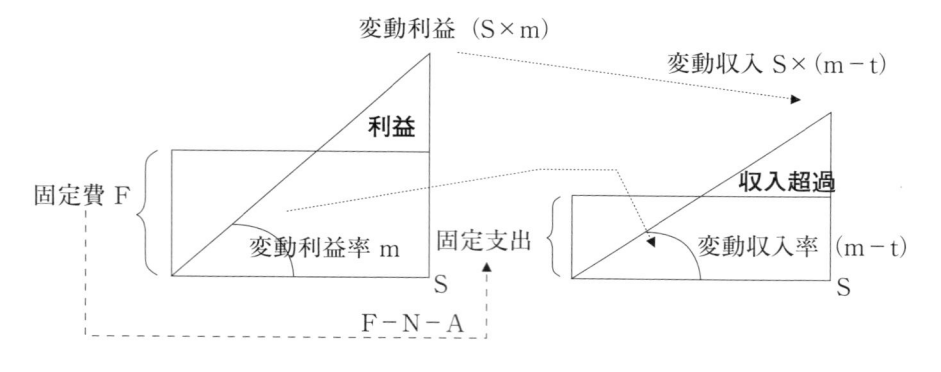

(6) 利益図と経常収支図の作成

図表 3 −21　X社利益図

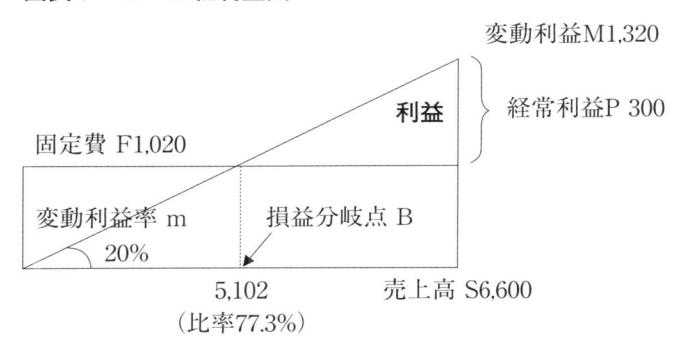

変動利益M 1,320
経常利益P 300
利益
固定費 F1,020
変動利益率 m 20%
損益分岐点 B
5,102
（比率77.3%）
売上高 S6,600

図表 3 −22　X社経常収支図

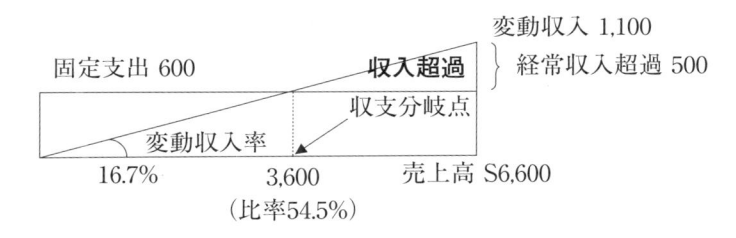

変動収入 1,100
経常収入超過 500
収入超過
固定支出 600
収支分岐点
変動収入率 16.7%
3,600
（比率54.5%）
売上高 S6,600

図表 3 −23　X社利益・資金図

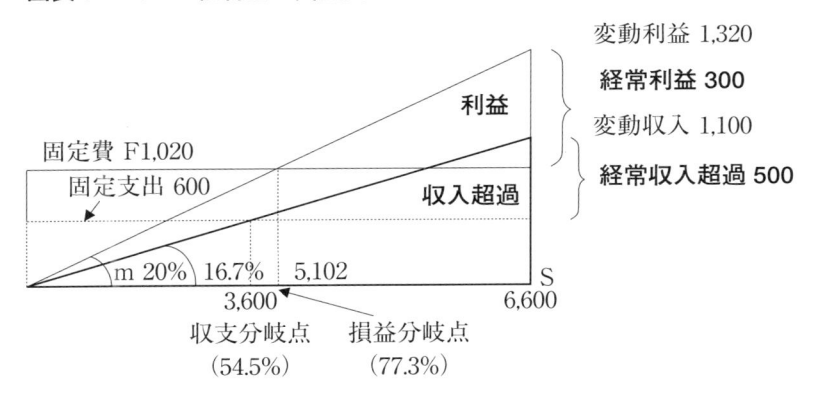

変動利益 1,320
経常利益 300
利益
変動収入 1,100
固定費 F1,020
経常収入超過 500
固定支出 600
収入超過
m 20%　16.7%　5,102
3,600　　　　　　6,600　S
収支分岐点　　損益分岐点
（54.5%）　　　（77.3%）

第3章 経常収支のバランス —— 97

(7) 経常収支過不足の要因分析

運転資金（経常収支）は利益と回転から生まれることは前にも説明しました。この例では，営業資金減少 180（400 － 200）が回転から生まれた運転資金です。

経常収入超過＝経常利益＋減価償却費＋営業資金減少
　　　　　　　500　　　　　300　　　　20　　　　180

経常収支4つのパターン

経常収支分岐点の算式から，経常収支は次の4つに分類できます。
① 分子＋で分母＋
② 分子＋で分母－
③ 分子－で分母－
④ 分子－で分母＋

パターンによってそれぞれ，問題点と対策は違ってきます。したがって，いま自社はどのパターンに属しているかを知ることが大事です。

①〜④のそれぞれの経常収支図は次のようになります。

図表3－24　正常型（分子＋／分母＋）の経常収支図

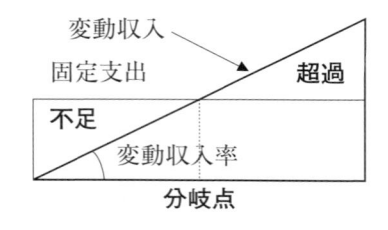

分岐点以下では資金不足

対策　① 分母のプラスを拡大
　　　　　変動利益率 m ↗
　　　　　期末営業資金比率 t ↘
　　　② 分子Fの削減

図表3−25 危険型（分子＋／分母−）の経常収支図

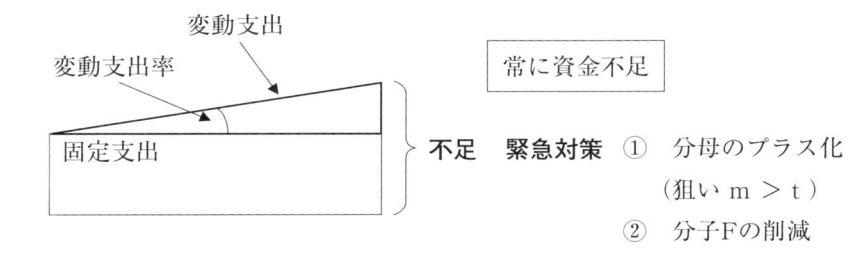

```
         変動支出
変動支出率 ↓
   ↘ ／|
    ／ |        常に資金不足
   ／  |
  ／   |
 ／____|    ┐
|固定支出|   ├ 不足   緊急対策  ①  分母のプラス化
|_____|   ┘                        （狙い m＞t）
                             ②  分子Fの削減
```

図表3−26 要注意型（分子−／分母−）の経常収支図

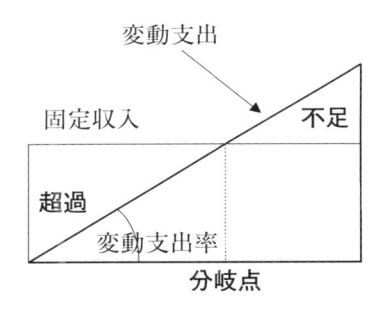

```
        変動支出
          ↓
         ／|
        ／ |
       ／  | 不足
固定収入／   |
_____／____|
|    ／|
|超過／ |
|  ／  |← 変動支出率
|_／___|
    分岐点
```

分岐点を超える売上は資金不足
現時点の売上高が、分岐点より
はるかに低ければ、資金的には
安定。ただし、販売拡大策には、
受取サイトの改善が必要。

　　　　対策　①　分母のプラス化
　　　　　　　　　（狙い m＞t）

図表3−27 発展型（分子−／分母＋）の経常収支図

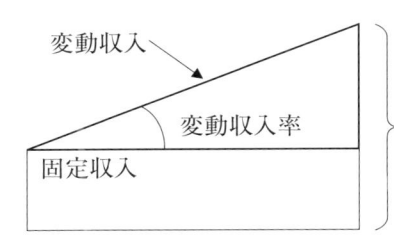

```
  変動収入
    ↓
    ／|
   ／ |
  ／  |← 変動収入率      ┐
 ／___|                  ├ 超過
|固定収入|                ┘
|_____|
```

常に資金が余る。
売上拡大が期待できる。

問題点なし
ただし、次期以降もこのパターンにな
るかどうかの検証が必要である。要注
意型へ逆戻りする可能性があればその
対策を講じる。

第3章 経常収支のバランス —— 99

収支分岐点が損益分岐点より高い場合

次に収支分岐点が損益分岐点より高い場合をみてみましょう。

H社の収支分析資料は図表3－28のとおりです。

図表3－28　H社の収支分析資料

(1) 直接原価計算方式の損益計算書

売 上 高 S	1,000
変 動 費 V	800
変動利益 M	200
固 定 費 F	150
経常利益 P	50

注：N減価償却費 20

(2) 営業資金

	期末残高	期首残高
売上債権	250	
在　　庫	100	
仕入債務	200	
営業資金	150	A　85

(3) 利益分析と収支分析

①　損益分岐点比率

　　固定費 F 150 ／変動利益 M 200 ＝ 0.75（75％）

②　損益分岐点

　　売上高 S 1,000 × 0.75 ＝ 750

③　期末営業資金比率 t

期末営業資金 150 ／売上高 1,000 ＝ 0.15
④ 収支分岐点
（F 150 － N 20 － A 85）／（変動利益率 m 0.2 － 期末営業資金比率 t 0.15）
＝固定支出 45 ／変動収入率 0.05 ＝ 900
⑤ 収支分岐点比率
900 ／ 1,000 ＝ 0.9（90％）
⑥ 経常収支過不足
変動収入 1,000 × 0.05 － 固定支出 45 ＝ 5
⑦ 経常収入超過の要因分析
経常収入超過＝経常利益＋減価償却費－営業資金増加
　　5　　　　　50　　　　20　　　　65

以上の結果から，次のことが明らかです。H 社は，経常利益 50 でも営業資金増加が 65 と多額になるため，経常収支は 5 しか残りません。したがって，来期については，利益計画書だけでなく，収支計画書も同時に作成しないと体質改善ができません。

〈事例研究 11〉経常収支分析表を利用した資金対策

利益図と収支図のおさらいを兼ねながら，経常収支つまり運転資金の改善をした実例を紹介します。

建材問屋 Q 社の 18 期の実績は
　　経常利益　　　　119 百万円
　　損益分岐点比率　66.2％
　　経常収支差額　　238 百万円
　　経常収支比率　　117.8％
という素晴らしいものでした。

ところが，18 期末頃から業界で乱売競争が激化して，販売単価したが

ってマージン率が大幅にダウンしたのです。このダウンしたマージン率が当分続くものと予想されたので、早速19期について業績の予想を検討しました。

図表 3 ― 29　利益および収支分析資料
① 損益計算書　　　　　　　　　　　　　　　　　（単位：百万円）

項　目	18期実績	19期予定
売上高	1,600	1,900
売上原価	1,248	1,577
売上総利益	352	323
販売費・管理費	235	291
営業利益	117	32
営業外収益	16	16
営業外費用	14	10
経常利益	119	38

② 直接原価計算方式による損益計算と利益分析　　　（単位：百万円）

項　目	18期実績	19期予定
売上高 S	1,600	1,900
変動費 V	1,248	1,577
変動利益 M	352	323
固定費 F	233	285
経常利益 P	119	38
変動利益率 m	0.2200	0.1700
F／M 比率（％）	66.2%	88.2%
損益分岐点売上高	1,059	1,676

③ 営業資金残高表と回転分析

項　目	17期実績	18期実績	売上比	19期予定
受　取　手　形	228	240		
売　　掛　　金	205	232		
売　上　債　権	433	472	0.2950	
在　　　　　庫	266	244	0.1525	
支　払　手　形	189	274		
買　　掛　　金	102	138		
仕　入　債　務	291	412	0.2575	
（差引）期末営業資金	408	304	0.1900	0.1900

回転月数（月）				
	売上債権		3.5	3.5
	在　庫		1.8	1.8
	仕入債権		3.1	3.1

④ 資金移動表

項　　目	18 期実績	19 期予定
経　常　収　入		
売　　上　　高	1,600	1,900
売 上 債 権 増 加	39	88
売　上　収　入	1,561	1,812
営　業　外　収　入	16	16
経　常　収　入　計	1,577	1,828
経　常　支　出		
売　　上　　原　　価	1,248	1,577
在　庫　増　加	− 22	46
仕　　入　　高	1,226	1,623
仕 入 債 務 増 加	121	77
仕　入　支　払	1,105	1,546
販売費・管理費	235	291
営　業　外　費　用	14	10
経　　費　　計	249	301
非　現　金　費　用	15	14
経　費　支　払	234	287
経　常　支　出　計	1,339	1,833
経常収支過不足	238	− 5
経　常　収　支　比　率	117.8%	99.7%

注：19 期末営業資金残高予定の計算
　　売上債権　　1,900 × 0.2950 = 560
　　在　　庫　　1,900 × 0.1525 = 290
　　仕入債務　　1,900 × 0.2575 = 489
　　営業資金　　1,900 × 0.1900 = 361

⑤　経常収支分析表

項　　目	18期実績	19期予定
a　固定費		
人件費	141	165
その他	92	120
計	233	285
b　非現金費用	15	14
c　期首営業資金	408	304
d　固定収支（a－b－c）	－190	－33
e　売上高	1,600	1,900
f　変動利益率	0.2200	0.1700
g　期末営業資金比率	0.1900	0.1900
h　変動収支率（f－g）	0.0300	－0.0200
i　変動収支（e×h）	48	－38
j　経常収支（i－d）	238	－5
k　収支分岐点（d／h）		1,650
l　収支分岐点比率（k／e）		86.8%

〈検討過程1〉

　18期の決算書をベースにして，19期の利益図と経常収支図を作成しました。そこで分かったのは，19期は経常収支が500万円不足するばかりでなく，特に資金構造が「発展型」から「要注意型」へ悪化するということでした。幹部はこれらの図をみながら具体的な検討に入りました。

図表3－30　Q社利益図

① 18期実績

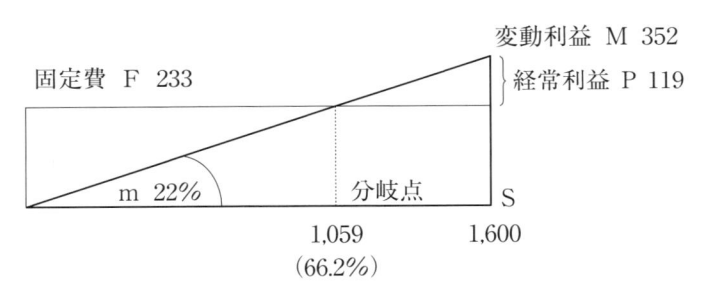

変動利益　M 352
固定費　F 233
経常利益　P 119
m 22%
分岐点
S
1,059　1,600
(66.2%)

② 19期予定

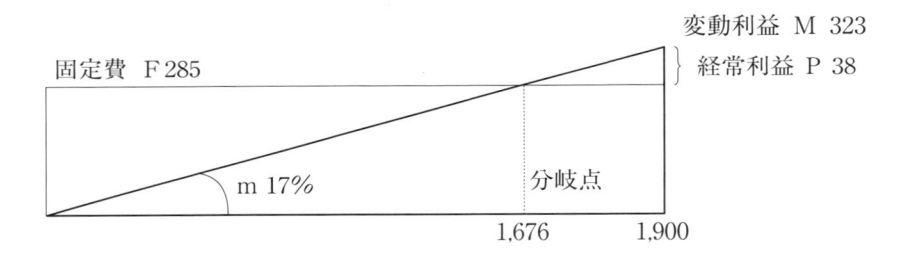

変動利益　M 323
固定費　F 285
経常利益　P 38
m 17%
分岐点
1,676　1,900

図表3－31　Q社経常収支図

① 18期実績（発展型）

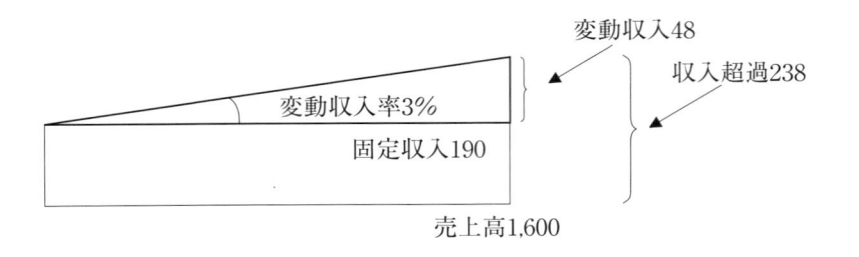

変動収入48
変動収入率3%
収入超過238
固定収入190
売上高1,600

② 19期予定（要注意型）

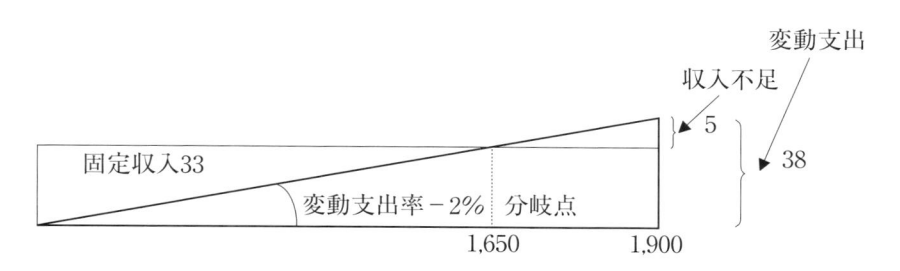

```
                                              変動支出
                                    収入不足  ↙
                                        ↘   ┐
                                        ┐5  │
  ┌─────────────────────────────┐────┤   │38
  │ 固定収入33        ╱          │    │   │
  │         ╱ 変動支出率－2% │分岐点│    ┘
  └─────────────────────────────┴────┘
                            1,650    1,900
```

〈検討過程2〉

　経常収支改善について，対策のポイントは，収支分岐点の算式を表形式にした前ページの「経常収支分析表」の中にすべて包含されています。

　19期は，このままでは分母がマイナス（変動支出率）になる可能性が大きく，緊急に対策を講じる必要があります。分母がマイナスとは，変動利益率＜期末営業資金比率となることです。

　つまり，売上が増えれば，それに比例してお金がどんどん出ていくので，その割合を「変動支出率」と呼ぶのです。

　改善の方向は，変動利益率＞期末営業資金比率に切り替えることにより，分母をプラス（変動収入率）に転換させることです。

　現時点では，マージン率（変動利益率）アップはいかんともし難く，期末営業資金比率を大幅に引き下げるほかありません。期末営業資金比率は，年売上高に対する期末の営業資金残高の割合です。これを12倍すれば回転月数となります。

　$0.19 \times 12 = 2.3$（月）

　その内訳は

　売上債権　3.5（月）

　在　　庫　1.8（月）

仕入債務　3.1（月）

であり，これにメスを入れることになりました。

　この場合，仕入債務回転月数は大手仕入先（メーカー）との支払条件もあり，今すぐ手が出せるものではありません。そうすると，売上債権と在庫に絞って回転月数を短縮する以外に方法がなく，次のような対策が講じられました。

　①　売上債権回転月数の短縮

　今まで販売政策が明確でなかったため，売り方に問題があった。したがって，得意先のABC分析を行い，管理の強化を実施するとともに，Aクラスの新規開拓を推進する。

　②　在庫回転月数の短縮

　仕入と在庫の管理が殆どなされていないことが問題であった。したがって，仕入と在庫管理の強化を図る。特に在庫は眼でみる管理を導入する。

　このように，この会社には大きな機会損失がありました。「儲かっているからいいじゃないか」ではなく，もっと儲かるチャンスがあったのに，見過ごしていたことを問題とすべきでしょう。

　〈改善の結果〉

　1年後（19期）の決算の結果はどうなったでしょうか。

　結果は上々で，経常収支ばかりでなく経常利益も予定を大幅に上回りました。

　マージン率は，予想よりわずかに増えて17.5％となりましたが，回転月数は，

　売上債権　3.1カ月（0.4カ月短縮）

　在　　庫　1.3カ月（0.5カ月短縮）

となって，分母のプラス化に大きく貢献しました。

したがって，危惧された変動支出率は次のように変動収入率に転換したのです。

変動収入率＝変動利益率－期末営業資金比率
　0.0690　　　0.1750　　　　0.1060

さらに，固定費は効率的な営業活動で予定より1500万円減少しました。なお，売上高は，Ｃクラス得意先への売上を縮小したこともあり，予定を下回りました。

19期の実績を分析した資料を以下に示します。

図表3－32　Q社の19期決算分析表

① 利益分析表

	19期実績	19期予定	差額
売　上　高	1,800	1,900	－100
変　動　費	1,485	1,577	－92
変動利益	315	323	－8
固　定　費	270	285	－15
経常利益	45	38	7
変動利益率	17.5%	17.0%	0.5%
Ｆ／Ｍ比率	85.7%	88.2%	－2.5%
損益分岐点	1,543	1,676	－133

② 経常収支分析表

項　　目	19期実績	19期予定
a　固定費		
人件費	165	165
その他	105	120
計	270	285
b　非現金費用	14	14
c　期首営業資金	304	304
d　固定収支（a－b－c）	－48	－33
e　売上高	1,800	1,900
f　変動利益率	0.1750	0.1700
g　期末営業資金比率	0.1060	0.1900
h　変動収支率（f－g）	0.0690	－0.0200
i　変動収支（e×h）	124	－38
j　経常収支（i－d）	172	－5
k　収支分岐点（d／h）		1,650
l　収支分岐点比率（k／e）		86.8%

図表3－33　19期実績利益図および経常収支図

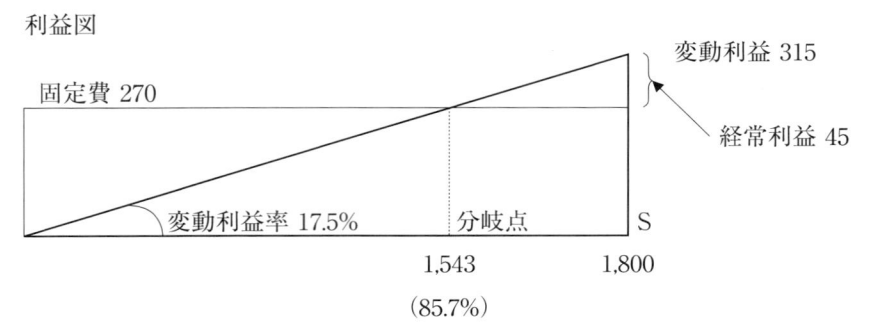

利益図

固定費 270　　変動利益 315　　経常利益 45

変動利益率 17.5%　　分岐点　S

1,543　　1,800

(85.7%)

経常収支図

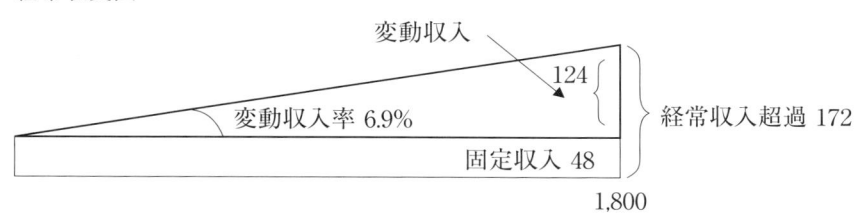

変動収入
124
変動収入率 6.9%
経常収入超過 172
固定収入 48
1,800

部門別業績のつかみ方

　ここでは，①部門別業績を把握する場合に常に問題となる「本社等共通費」の取り扱いについて，著者の考え方を紹介し，②経常収支すなわち運転資金の改善は，現場の営業活動を無視しては効果が上がらないこと，したがって部門業績に「利益」と「資金」を組み込みこんだ部門別月次業績管理表の概要の2つを取り上げます。

共通費の考え方

　部門の業績は，部門で発生した収益と費用を対応させ，その差額として計算されます。この場合，企業全体で共通的に生ずる費用，いわゆる共通費を部門の費用としてどの程度組み込むかで部門の業績は大きく変わります。

　共通費は，関連する部門へうまく直接課（直課）することができず，一括して一定の基準で配賦することになります。このことが部門間で問題となる元凶です。

　配賦の方法としては，
　①　実績配賦
　②　予定配賦

また，配賦の基準としては，
　①　負担能力基準
　②　サービス享受基準
　③　折衷基準
が考えられます。
　共通費配賦の仕組みを検討する場合に注意を要するのは，
　①　年1回決算終了後など，決算書の数値を単に部門別に配分して，社内の参考資料とする場合
　②　月次決算で部門別にコントロールし，評価に結びついている場合
のいずれを前提にしているかということです。
　もし①の場合であれば，実績配賦の方法をとることになるし，配賦基準についても作成部署単独で決めれば済む問題です。
　②の場合には，企業は相当なエネルギーをつぎ込むことになります。それは，関係者全員を満足させる100点満点の基準などありえないからです。この場合は，配賦ではなく，負担してもらうという意味をもつのです。部門別コントロールをしている企業での負担基準は，合理的かつシンプルなものがよいのです。
　ある中堅企業では，会社全体の立場から経営方針（小数精鋭主義）を反映し，管理効果が得られるという視点からサービス享受基準によることとし，「月末の人員数」を採用しています。一人月何万円という具合に，予定定額配賦のシンプルで分かりやすい仕組みで動かしているわけです。この仕組みでは，部門の予算化が可能となります。
　他方，実績配賦の方法をとっている企業では，部門の責任者が「本部の実績いかんの負担では，終わらないと分からない。うちの部門が赤字になったのは，本部での経費の使い過ぎだ」とエネルギーを違う方向に向けてきます。社外へ注ぐべきエネルギーを，社内で無駄に浪費してい

るのです。

　この解決方法は，予定定額法に切り替えるしかありません。そうなれば，本部でも予定に基づく各部門からの負担金収入と実績の対比を毎月行うことによってコントロールできることになります。

　なお，予定配賦法を採用している場合，年度が終わって共通費の配賦額と実績との差額を，追いかけるように各部門へ再配分するようなことは避けるべきです。それは，差額発生の責任は，プラスであれマイナスであれ本部にあるからです。また，実務上仕組みを複雑にし，コストもかかります。

部門別月次業績管理表

　スポーツの人気はスコアが分かることにあります。企業の中の社員一人ひとりにとっても，自分達の努力の結果であるスコアが分かる仕組みが必要になってきます。

　今日の業績は，過去に打たれた手の結果です。したがって，評価の対象は現段階の黒字の額や赤字の額ではありません。企業にとっても，社員個人にとっても，いかに改善努力したかが大事です。その改善度によって自己自らを評価し，また，他からも評価されるのです。

　さて，企業において，スコアが分かる仕組みとはどんなものでしょうか。それは，「部門別月次決算制度」であるということができます。部門とは，事業部門，支店，課あるいはグループのことであり，行動の成果が計数で確認できる単位をいうのです。

　月次決算は次の行動への情報であると言われています。一人ひとりが部門の経営者として，部門の経営基盤を確立するために，数字を表面的，定量的にみるだけでなく，数字の背景をよく読み（定性的に），「クイック・レスポンス（すばやい反応）」と「クイック・アクション（敏速な行

動）」に結び付けることです。

　まず，「日々月々軽々の損」であるか，「連綿不断軽々利」であるかを見分ける（測定する）システム（仕組み）が必要となります。次に，「連綿不断軽々利」の土壌（体質）を作らねばなりません。それにはまず，病気の場所を知る「部門別業績測定システム」を必要とします。さらに，一人ひとりが自立意識を持って積極的に経営基盤づくりに取り組む仕組みも必要になります。もちろん，経営者的思考と行動には，「利益面」と「資金面」のトータル情報も必要です。

　それでは，部門別月次決算制度の仕組みと業績管理表の条件は何でしょうか。

① 部門別成果が公平に測定されること。
② 部門別に，資金体質（利益と回転のバランス）が測定でき，問題点が把握できること。特に運転資金過不足の要因分析の欄を設けること（運転資金過不足の発生過程を利益と営業資金増減との関係で分析できる）。
③ 計画作成→実績検討（問題点検討）→成果の評価→改善策検討→計画作成のサイクルで運用されること（一人ひとりの自立意識を高める）。

　このため，計画・実績対比の表だけでなく，差額だけを示す差額表が用意されること（重点管理）。

④ 月次管理表の出力は毎月3日頃とし，速やかに該当部門の責任者に渡せること（クイック・アクション）。
⑤ シミュレーション・システムを内包していること。

　このシミュレーション・システムを，社内研修および部門計画作成の武器とする（その副産物として，トータル経営計数の早期マスターが可能となります）。

さらに，企業独自に取り決める項目として次の2点があげられます。
① 部門に関する仕入と支払の計上（通常支払部署は本社であるが）
② 負担金，社内金利の計上

特に社内金利については，経常収支過不足に対して計上し，資金面での貢献度が分かるシステムがベターです。

なお，消費税についてですが，現場で扱う売掛金には消費税が含まれ，入金時にそれを分離することは不可能です。したがって，支店などでも消費税を無視できませんが，分析上は重要性が少ないので，部門別の資金業績表では消費税収支の影響を取り除くことも考えられます。その場合は，消費税の仮受と仮払の差額を，計算上本社に振り替えることになります（消費税の資金分析については，［補説16］消費税と資金分析を参照）。

［補説9］いわゆる運転資金について

運転資金という言葉はいろいろな意味で用いられています。

例えば，「売上債権＋たな卸資産－仕入債務」を運転資金，あるいは運転資本と呼ぶなど，人によりまちまちです。慣れない内は頭の中が大変混乱します。運転資金はフロー（流れ）の概念，「売上債権＋たな卸資産－仕入債務」は残高（ストック）の概念ですが，これを区別していないところに原因があります。著者は，フローの用語とストックの用語を区別して「営業資金」という言葉を使っています。

なお，実務上は，営業資金として追加されるB／S科目（前払費用，未収収益，未払費用，未払金，前受収益など）がありますが，経営管理上の重要度と売上比例科目に絞るという考え方にたてば，「売上債権＋たな卸資産－仕入債務」に限定する方がシンプルで分かりやすいと思います。

[補説10] 売掛金増減分析

この項は，分析資料作成者のための説明です。ビジネスマンの方は，各営業資金増加が，回転月数増加と売上増加に起因するものであること，そして問題となるのは回転月数悪化による営業資金増加であることを認識すれば充分です。

$$
\begin{aligned}
売掛金増加 &= 期末売掛金 - 期首売掛金 \\
&= 当期平均月商 (S') \times 当期末回転月数 (K') \\
&\quad - 前期平均月商 (S) \times 前期末回転月数 (K) \\
&= \underbrace{S \times (K' - K)}_{\substack{回転月数増加 \\ による部分}} + \underbrace{K \times (S' - S)}_{\substack{売上増加 \\ による部分}} + \underbrace{(K' - K) \times (S' - S)}_{共通部分}
\end{aligned}
$$

図表 3-34 売掛金増減分析表（図表 3-13 に対応）

売掛金増加	回転月数増加部分 $S \times (K' - K)$	売上増加部分 $K \times (S' - S)$	共通（混合）部分 $(K' - K) \times (S' - S)$
32	$50 \times (2.2 - 2.0)$ $= 10$	$2 \times (60 - 50)$ $= 20$	$(2.2 - 2.0) \times (60 - 50)$ $= 2$

[補説11] 売上債権と仕入債務の回転月数分析

分析資料作成者のための説明です。

① 売上債権回転月数の展開

売上債権回転月数＝売掛金回転月数＋$\underbrace{受取手形回収率 \times 平均受取手形サイト}_{受取手形回転月数}$

② 仕入債務回転月数

仕入債務回転月数＝買掛金回転月数＋$\underbrace{支払手形支払率 \times 平均支払手形サイト}_{支払手形回転月数}$

[補説12] 営業資金増減要因の計算

分析資料作成者のための説明です。

1. データ

図表3－35　増減明細（単位省略）

項目	当月	前月	増加
1　平均月商	S'　1,000	S　900	100
2　営業資金残高			
受取手形	1,000	720	280
売掛金	1,800	1,440	360
たな卸資産	1,000	810	190
支払手形	2,000	1,800	200
買掛金	1,000	900	100
営業資金	800	270	530
3　手形サイト	N'	N	
受取手形（月）	1.6667	1.2308	0.4359
支払手形（月）	2.8571	2.7778	0.0793
4　受取手形回収率	M'　0.6	M　0.65	－0.05
5　支払手形支払率	M'　0.7	M　0.72	－0.02

注：平均月商は6カ月平均

2. 計算

図表3－36　回転月数の計算

	当月（K'）	前月（K）	増加
受取手形	1.0	0.8	0.2
売　掛　金	1.8	1.6	0.2
たな卸資産	1.0	0.9	0.1
支払手形	2.0	2.0	
買　掛　金	1.0	1.0	
営業資金	0.8	0.3	0.5

図表3－37　営業資金増減要因分析

	増加	回転月数増加部分 $S \times (K'-K)$	売上増加部分 $K \times (S'-S)$	共通部分 $(K'-K) \times (S'-S)$
受取手形	280	180	80	20
売　掛　金	360	180	160	20
たな卸資産	190	90	90	10
支払手形	200		200	
買　掛　金	100		100	
営業資金	530	450	30	50

注：図表3－15では共通部分を売上増加部分に加算して表示

図表3－38　手形回転月数の増減要因分析

	回転月数増加部分	サイト増加による部分	手形比率増加部分	共通部分
受取手形	180	255.0	－55.4	－19.6
支払手形	0	51.4	－50.0	－1.4

注：① サイト増加による部分＝(N'－N)×M×S
　　② 回収率，支払率増加部分（手形比率増加部分）＝(M'－M)×N×S
　　③ 共通部分＝(N'－N)×(M'－M)×S
　　④ 図表3－15では共通部分を手形比率増加部分に加算して表示

[補説13] 収支分岐点算出上の留意点

① 期首営業資金は，期中に全額費消され，新しく期末営業資金が発生すると想定しています。したがって，四半期や1カ月のような短い期間には問題が生じることがあります。通常は半期，1年の期間で分岐点を算出することになります。

② 半期の分岐点を算出する場合，回転期間（期末営業資金比率）は「残高／半期売上高」で計算します。

③ 上半期と下半期に分けて収支分岐点を計算し，それを合算しても年間の分岐点に合致することはありません。この違いは次の3つから生じます。

　　a 下半期の期首営業資金＝上半期の期末営業資金
　　b 上半期の期末営業資金比率＝上半期末営業資金／上半期売上高
　　c 下半期の期末営業資金比率＝期末営業資金／下半期売上高

④ 今期，無理をして債権回収をはかり，収支をバランスさせても，次の期間には売上収入が減少して，収支がバランスしなくなります。
　　したがって，経常収支は次期の予想も含めて分析することも必要です。

[補説14] 目標収支分岐点の計算

　図表3－28のH社において，決算資金が30であったとします。運転資金（経常収支）としては，5だけ残ったので決算資金の一部をカバーしたに過ぎません。決算資金の全部を賄えるだけの経常収支を上げないと，決算資金として借入金の調達が必要になり，財務体質が悪化することになります。

　では，決算資金30をカバーする売上高はいくらになるのか計算してみましょう。

　まず考え方ですが，決算資金30をカバーするには次の条件を満たさないといけません。

　変動収入（売上高×変動収入率）＝固定支出45＋決算資金30

　したがって，必要売上高は，

　（固定支出45＋決算資金30）／変動収入率0.05＝1,500

となります。この必要売上高1,500は，現在の売上ベースの1.5倍にあたり，実現の可能性について真剣に検討することになります。

　翌期の経営計画策定にあたり，経常収支の構造が仮に上記数字のままとすると，次の点が解決すべき課題となります。

　①　1.5倍の売上増がすんなり可能とは思えない。どうするか。
　②　そこで，固定費の削減計画（固定支出を下げるため）
　③　変動利益率（マージン率）の改善（変動収入率の引き上げ）
　④　売上債権回転期間，在庫回転期間の短縮（期末営業資金比率の引き下げを通じて変動収入率の引き上げ）

　また，借入金返済や設備投資資金まで経常収支で捻出する目標売上高は，

　（固定支出＋決算資金＋借入金返済＋設備投資）／変動収入率

で計算します。

[補説15] 製品別資金効率の検討

R社における前期の製品別売上高と変動利益は次のとおり。

図表3-39 製品別利益表

製品群	A群	B群	C群	合計
売　上　高	200	150	150	500
変　動　費	140	90	120	35
変　動　利　益	60	60	30	150
（変動利益率）	(0.30)	(0.40)	(0.20)	(0.30)
固　定　費				125
経　常　利　益				25

注：C群は多品種にわたり，A，B群以外のものである

図表3-40 製品別回転期間

		A	B	C	合計
	期末売上債権	42	25	44	111
	期末在庫	8	12	19	39
	期末仕入債務	33	25	38	96
期末営業資金		17	12	25	54
（期末営業資金比率）		(0.085)	(0.080)	(0.167)	(0.108)
期首営業資金		13	8	33	54

図表３－41　製品別資金効率

		A	B	C	合計
①	売上高	200	150	150	500
②	変動利益率	0.30	0.40	0.20	0.30
③	期末営業資金比率	0.085	0.080	0.167	0.108
④	**変動収入率**	**0.215**	**0.320**	**0.033**	**0.192**
⑤	変動収入	43	48	5	**96**
⑥	固定費				125
⑦	減価償却費				5
⑧	期首営業資金				54
⑨	固定支出				**66**
⑩	**経常収支**				**30**

注：④＝②－③，⑤＝①×④，⑨＝⑥－⑦－⑧，⑩＝⑤－⑨

〈会社全体の業績分析〉

① 損益分岐点比率

　　固定費 125 ／変動利益 150 ＝ 0.833（83.3％）

② 損益分岐点

　　売上高 500 × 0.833 ＝ 417

③ 収支分岐点

　　固定支出 66 ／変動収入率 0.192 ＝ 344

④ 収支分岐点比率

　　344 ／ 500 ＝ 0.688（68.8％）

〈製品別資金効率分析〉

① B製品は，変動収入率 32％，つまり売上に比例して 32％のキャッ

シュが入ってくるので資金効率が最も高い。B製品を伸ばす販売戦略が重要となる。
② その他の製品（C）は，変動収入率が3.3%と低い。
　　品目ごとの見直しが必要となる。
　以上の方針で望めば，損益分岐点と収支分岐点はずっと下がり，財務体質が大幅に改善されることになります。

[補説16] 消費税と資金分析

　今までは説明の便宜上，消費税等を無視したシンプルな形で資金分析を取り上げてきました。消費税と資金分析は少し専門的になりますので，経理担当や経営企画担当以外の方は，目を通されるだけで充分です。
① 消費税を含んだ経常収支分岐点計算式
　消費税は，仮受金収入と仮払金支出を翌期に精算するものです。したがって，資金体質の分析上は無視することもありえます。しかし，1期間における資金分析を本格的にやろうとすれば，消費税率にもよりますが，消費税の収入・支出の影響を無視できなくなります。
　そこで，消費税を含んだ実務向きの経常収支分岐点計算式をご紹介します。
　消費税は，収入と支出の両方に関係します。
　経常収入としては，売上に対する消費税と営業外収益に対する消費税があり，いずれも仮受として経理上処理されます。
　経常支出としては，仕入に対する消費税，製造経費，販売費及び一般管理費と営業外費用に対する消費税があり，いずれも仮払として経理上処理されます。
　ここでは，経常損益に対する消費税の発生を対象とし，固定資産の購入や売却などに対する消費税の発生は含まれません。そうして，決算期

間に発生した仮受と仮払を精算して,差額を消費税として翌期に納付,または還付されることになります。

　注意を要するのは,消費税の納付(還付)には,固定資産の購入や売却に対する消費税も含まれていることです。これは,納付額(還付額)の中を対象別に区分することが技術的に困難であるからです。したがって,実務的な経常収支分岐点計算は次の式によります。

$$\frac{固定費-非現金費用+消費税固定支出+前払費用等増加-期首営業資金}{変動利益率+消費税変動収入率-期末営業資金比率}$$

　これには,これまで説明してきた(消費税を無視してきた)計算式に消費税関連の項目が分子と分母に加わっていることが分かります。なお,実務上の必要性から分子に前払費用等を新しく加えました。

(注)計算式の用語説明
消費税固定支出＝経費消費税仮払－営業外収益消費税仮受＋消費税納付額
　　　　　(この項目は,売上に比例せず固定的に発生する消費税です)
前払費用等増加＝前払費用,収益未収金の増加－未払費用,費用未払金の増加
消費税変動収入率＝消費税率×$\dfrac{(1-仕入高^*／売上高)}{売買差額率}$

* 　仕入高には外注費等の変動費科目を含みます。この場合の変動費科目は,消費税の課税が発生の時点で行われることから,発生ベースの数値でなければなりません。したがって,直接原価計算で売上高から控除する変動費(売上見合いの変動費)ではありません。

② 　資金収支分析表

　実務に役立つ収支分析表のサンプルを紹介します。数字は,X社決算資料(第3章の例題3を参照)をベースに消費税5％を考慮したものです。

　この表の「固定収支」の算出は厄介です。実務的には有価証券報告書

図表3－42　資金収支分析表

項　目	算　式	X　社
① 固定費		1,020
② 非現金費用		20
③ 消費税固定支出		60
④ 前払費用等増加		
⑤ 期首営業資金		400
Ⅰ （差引）固定収支	①－②＋③＋④－⑤	660
⑥ 変動利益率		0.20000
⑦ 消費税率×売買差額率		0.00924
⑧ 期末営業資金比率		0.03333
Ⅱ （差引）変動収支率	⑥＋⑦－⑧	0.17591
⑨ 売上高		6,600
Ⅲ 変動収支	⑨×Ⅱ	1,161
Ⅳ 経常収支過不足	Ⅲ－Ⅰ	501
⑩ 法人税等支払		
⑪ 配当・役員賞与		
⑫ 設備投資		
⑬ 借入金返済		
⑭ その他支出		
Ⅴ 経常外支出	⑩～⑭ 省略	
⑮ 増資		
⑯ 借入金		
⑰ その他収入		
Ⅵ 経常外収入	⑮～⑰	
Ⅶ （差引）資金過不足	Ⅳ－Ⅴ＋Ⅵ	
Ⅷ 経常収支分岐点	Ⅰ÷Ⅱ	3,752
Ⅸ 経常収支分岐点比率	Ⅷ÷⑨	56.8%

注：③：消費税固定支出＝経費消費税20＋消費税納付額40＝60
　　Ⅰ：プラスのため「固定支出660」となる。
　　⑦：消費税率×売買差額率＝0.05×0.18485＝0.00924
　　　　売買差額率＝1－仕入高5,380／売上高6,600＝0.18485
　　Ⅱ：プラスのため「変動収入率0.17591」となる。
　　Ⅲ：したがって「変動収入1,161」となる。

や資金移動表等によって,「経常収支過不足額」をつかみ,それから「変動収支額」を控除して逆算するのがベターです。消費税納付額(還付額)のデータ入手が困難な他社分析の場合には,便利なやり方でしょう。

③　利益図と経常収支図

消費税の収支は,損益に関係がないので,利益図(図表3－21)はそのままです。

図表3－43　消費税込みの経常収支図

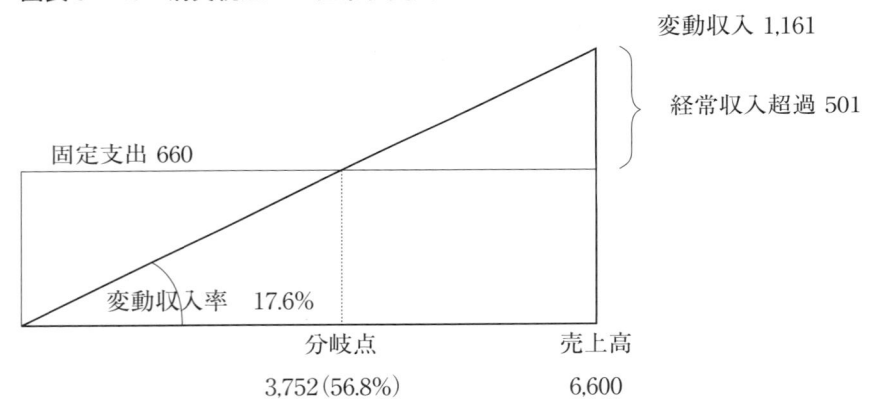

```
                                        変動収入 1,161
                                        経常収入超過 501
固定支出 660
    変動収入率 17.6%
              分岐点          売上高
              3,752(56.8%)   6,600
```

なお,この図では,図表3－22(消費税導入前)よりも収入超過が1だけ増えています。それは,変動収入のうちの消費税部分61(6,600×0.00924)と消費税固定支出60との差額なのです。

④　経常収支過不足の要因分析

経常収入超過＝経常利益＋減価償却費＋消費税仮受純増＋営業資金減少
　　501　　　　300　　　　20　　　　1　　　　180

(実務的な要因分析は[補説17]を参照)

[補説17]　実務上の経常収支要因分析その他項目

分析資料作成者のための説明です。

経常収支の要因分析表は，実務的にはもっと複雑です。しかし，社内報告用としては，シンプルでかつポイントがつかめる次のような情報がベターです。

図表3－44　経常収支要因分析表

①	経常利益	300
②	減価償却費	20
③	営業資金増加	－180
④	その他項目	1
⑤	経常収支過不足 （①＋②－③＋④）	501

①，②，③の項目は，報告の重要性が高いので，独立項目とし，その他の項目は一括表示します。その内訳まで報告する必要はありません。

その他の項目としては，次のものがあります。

① 消費税納付等（消費税の仮受純増または仮払純増）
② 前払費用等の増減
③ 減価償却費以外の非現金費用等

ちなみに，減価償却費以外の非現金費用等のうち主なものは次のとおりです。

図表3－45　減価償却費以外の主な非現金費用等

支払の生じない費用	支払の生ずる費用
① 貸倒損失 ② たな卸資産評価損・廃棄損 ③ 有価証券評価損 ④ 退職給与引当金繰入 ⑤ 貸倒引当金繰入差 ⑥ 賞与引当金繰入差	⑦ 退職給与引当金目的使用 ⑧ 賞与引当金目的使用

注：図表3－44の④その他項目には，図表3－45の①～⑥はプラス，⑦～⑧はマイナスで計上される

[補説18] 営業資金残金の調整

分析資料作成者のための説明です。

① この章の図表3－2と3－3の（注）でふれていますが，営業資金残高は期首，期末とも次の式で算出します。

　　売上債権＝受取手形＋売掛金＋割引手形－前受金
　　仕入債務＝支払手形＋買掛金－前渡金

　この他，裏書譲渡手形残高も支払手形扱いとし，売上債権と仕入債務の両科目に加算します。なお，売上債権に加算する割引手形の相手科目は，短期借入金とします。

② 期末営業資金残高の調整

次の科目は期末残高に加算します。

図表3－47　期末営業資金残高調整リスト

調整項目	加算する科目
期末売上債権	貸倒引当金目的使用 貸倒損失
期末たな卸資産	たな卸資産評価損 たな卸資産廃棄損

　上記の加算する科目は，決算処理で当該資産から減算されています。このままでは減算額だけ営業資金の減少，つまり営業資金が資金化されたようなことになるため，これを除去するため元へ戻す調整をします。

[演習問題6]

下図の □ に該当する項目を記入してください。

1. 利益図

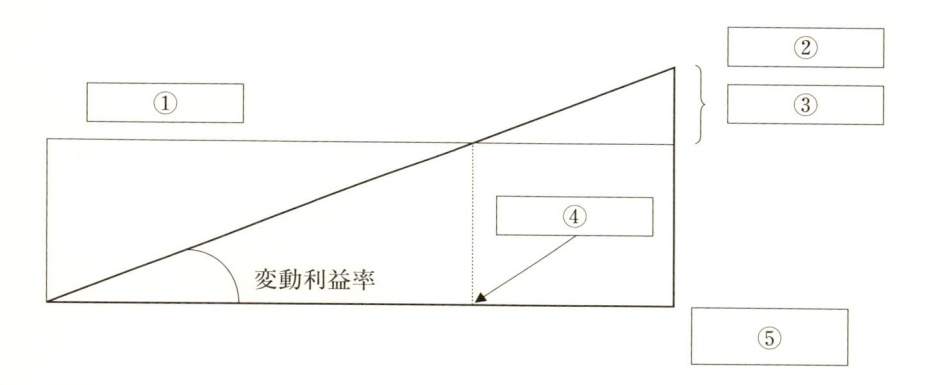

①
②
③
④
⑤

変動利益率

2. 経常収支図

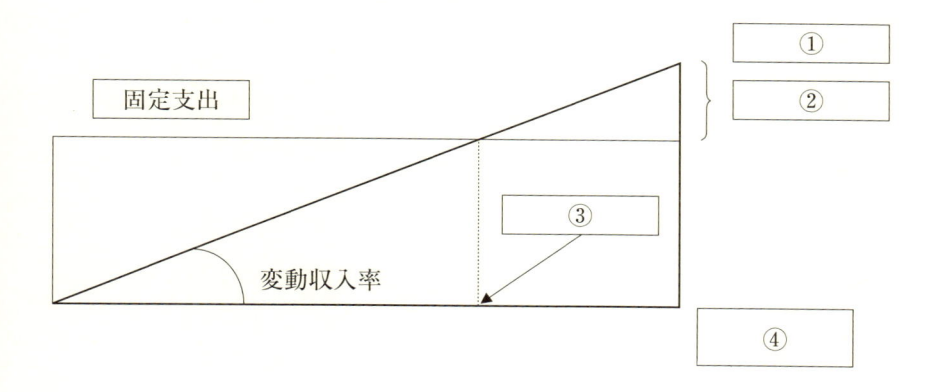

固定支出
①
②
③
④

変動収入率

第3章 経常収支のバランス —— 129

[演習問題7]

下記の資料から（1）利益図，（2）経常収支図を作成してください。

① 損益計算書

売 上 高	1,000
変 動 費	400
変動利益	600
固 定 費	500
経常利益	100

固定費に減価償却費30を含む。

② 営業資金残高

	期末残高	期首残高
売上債権	240	200
在　　庫	140	100
仕入債務	280	250
営業資金	100	50

[演習問題8]

前問において，経常収支過不足額の要因を分析してください。

第4章 キャッシュフロー計算書

どうしてキャッシュフローなのか

　企業は，収益と費用の差額で計算される利益を，最終的に現金（キャッシュ）の形で回収して初めて利益を現実に確保することができるのです。したがって，企業の業績の真の尺度は，キャッシュフローです。

　利益は「計算上の儲け」にすぎません。利益とキャッシュの間には「ズレ」があります。設備投資などの行動はキャッシュ・ベースで行われます。企業は，キャッシュを新たな投資（ヒト，モノ，カネ等への戦略的投資）に振り向けることによって，持続的成長を図ることができるのです。また，キャッシュフローは会計方針の相違による影響が少ないので，企業間の比較可能性が高いという利点もあります。

　上記のような理由により，2000年3月期より，わが国の上場企業においても「キャッシュフロー計算書」が導入されることになりました。しかも，キャッシュフロー計算書は，貸借対照表や損益計算書と同様に，企業活動全体を対象とする重要な情報を提供するものであることから，財務諸表の1つとして位置づけられています。

　この計算書から，重要な情報が得られるため，上場していない中堅企業でも任意に作成することが望まれます。融資の申し込みの際，金融機関から提出を要請される可能性もあります。

キャッシュフロー計算書の様式

キャッシュフロー計算書とは

　キャッシュフローとは，一定期間のキャッシュの流入と流出のことを

指します。

　キャッシュフロー計算書とは，企業の活動とキャッシュの動きの関係を明確にするために，次の3つの基本的に異なるタイプに区分表示したものです。

　① 営業活動によるキャッシュフロー
　② 投資活動によるキャッシュフロー
　③ 財務活動によるキャッシュフロー

　これにより，「キャッシュがどこから入り，どこへ出たか」をつかむことができます。

　キャッシュフロー計算書の様式は，営業活動によるキャッシュフロー把握の仕方の違いから次の2種類があります。

　1つは，「直接法」により作成するもので，重要な項目ごとに入金額と出金額とを総額で表示するものです。

　もう1つは，「間接法」により作成するもので，当期純利益からスタートして，利益とキャッシュフローのタイミングのズレを部分的に修正し，その過程を表示したものです。

　間接法による計算書を図表4－1に示しています。

営業活動によるキャッシュフローの説明

　表の作成は，まず当期純利益500に現金支出のない減価償却費600を加えてスタートします（利益は減価償却費を差引いた後なので，実際手元に残るキャッシュは利益＋減価償却費です）。

　次に，利益と現金化のズレを調整するため営業資金増加100を減算します。

　つまり，売上債権やたな卸資産の増加によって700のキャッシュが失われ，一方で仕入債務の増加によって600のキャッシュが生まれました。

図表4-1　N社キャッシュフロー計算書（間接法）

I	**営業活動によるキャッシュフロー**	
	当期純利益	500
	減価償却費	600
	売上債権増加	－500
	たな卸資産増加	－200
	仕入債務増加	600
	営業活動によるキャッシュフロー	**1,000**
II	**投資活動によるキャッシュフロー**	
	設備投資	－800
	投資活動によるキャッシュフロー	**－800**
III	**財務活動によるキャッシュフロー**	
	短期借入金の返済	－400
	長期借入金による調達	330
	配当金支払い	－120
	財務活動によるキャッシュフロー	**－190**
	現金及び現金同等物の増加額	10
	現金及び現金同等物の期首残高	1,000
	現金及び現金同等物の期末残高	1,010

その結果，営業活動から1,000のキャッシュが創り出されたのです。

　よくキャッシュフローを「税引後利益＋減価償却費」で計算する場合がありますが，これは「営業活動によるキャッシュフロー」計算の簡便法です。しかし，これは営業資金増減の影響を無視した（会計上の利益＝現金とした）概算計算にすぎません。

直接法によるキャッシュフロー計算書

　連結キャッシュフロー計算書等の作成基準は，直接法の採用を奨励し

図表4－2　N社キャッシュフロー計算書（直接法）

営業活動によるキャッシュフロー	
営業収入	17,520
原材料又は商品の仕入支払	－12,600
人件費支出	－2,100
その他営業支出	－1,340
小計	1,480
法人税等支払額	－480
営業活動によるキャッシュフロー	1,000

図表4－3　営業活動によるキャッシュフローと経常収支の関係表

経常収支	調整	営業活動によるキャッシュフロー
経常利益　　1,000	役員賞与　－20 （人件費支出へ）	税引前利益　980 → 当期純利益　500 　　　　　　　　　　減価償却費　600 　　　　　　　　　　営業資金増加　－100
減価償却費　600 営業資金増加　－100	法人税等　480	法人税等　480
経常収支差額　1,500		営業活動によるキャッシュフロー　1,000

ています。なお，投資活動と財務活動の部分は間接法の場合と同じです。

　図表4－3は次のことを表わしています。

　営業活動によるキャッシュフロー＝経常収支差額－（役員賞与＋法人税等）
　　　　　1,000　　　　　　　　　　1,500　　　　　　20　　　　480

　つまり，経常収支には含まれない役員賞与，法人税等が営業活動によるキャッシュフローに含まれるのです。したがって，基本的には，営業活動によるキャッシュフローは経常収支と一致します。要するに，営業活動によるキャッシュフローは，償却前利益が増加するとそれに伴って増加し，営業資金が増加するとそれが減少するという関係にあるのです。

したがって，企業においては，第3章で学んだ経常収支分析を徹底することが即営業活動によるキャッシュフローの確保につながるのです。

フリー・キャッシュフロー

　新聞などで「営業活動が生み出した現金」から「投資活動にあてた現金」を差し引いて計算したフリー・キャッシュフローが……という記事をみかけることが多くなりました。

　図表4－1では，200（1,000 － 800）がフリー・キャッシュフローです。フリー・キャッシュフローは，それをみる立場によって，営業活動によるキャッシュフローから控除する項目が違ってきます。

　経営者の立場からみて，不可避的な支出（現状維持的な設備投資など）を営業活動によるキャッシュフローから控除した残りが，将来の事業展開に向けた設備投資や企業買収など戦略的投資へ向けることが自由（フリー）にできるキャッシュということになります。

　この場合，フリー・キャッシュフローがマイナスの時，あるいはプラスの時でも，戦略的投資のために外部から資金を調達することもあります。手持資金の制約で，投資のチャンスを逃がすのは大きな機会損失です。機会利益の追求はすべてに優先します（機会損失，機会利益については第6章を参照）。

　株式投資家の立場からみれば，すべての設備投資や有価証券投資などを控除したフリー・キャッシュフローが，企業価値の維持，拡大に必要だということになります。

　最終的には，このフリー・キャッシュフローは，債権者および株主などのすべての資本提供者に分配されるものです。

　いずれにせよ，営業活動によるキャッシュフローの継続的黒字の確保が企業の存続発展の前提になります。

キャッシュフロー計算書の利用とキャッシュフロー経営

　営業活動によるキャッシュフローは，投資活動や財務活動の重要な資金の源泉となるものです。投資活動は，将来のより大きな営業活動によるキャッシュフローの獲得を目的として行われます。

　なお，財務活動によるキャッシュフローは，営業活動によるキャッシュフローと投資活動によるキャッシュフローとのしわ寄せ部分です。したがって，外部の人もキャッシュフロー計算書に表われた情報を分析することによって企業の戦略や活動状況を読み取ることができます。

　外部の人の利用法として，次のことがあげられます。
① 　株主は，自ら拠出した資本が効率的につかわれているかを，営業活動によるキャッシュフローの時系列的分析によって知ることができる。
② 　株主は，企業がフリー・キャッシュフローをどのように利用しているかを知ることができる。戦略的投資をしているか，有利子負債の返済，配当や自社株購入の財源にしているかなどが分かる。

　また，経営者や管理者の利用法としては，設備投資などの経営戦略上の意思決定，Ｍ＆Ａ（企業の合併・買収）の相手先の評価，あるいは同業他社の経営戦略や財務動向などの調査に役立てることができます。

　キャッシュフロー経営は次のことを目指しています。
① 　短期的な面では，営業によるキャッシュフロー（基本的には，経常収支）の最大化をはかること（第3章参照）。
② 　長期的な面では，投資の意思決定を合理的に行い，投資したキャッシュフローを効率よく運用すること（第7章参照）。

　その結果はEVAの増大やB／Sのスリム化となって表われます。

第5章 利益計画と直接原価計算

伝統的原価計算

通常企業で使用されている原価計算は，すべての製造費用を製品原価に算入します。しがって，「全部原価計算」といっています。また，「伝統的原価計算」ともいいます。

図表5－1　全部原価計算による月次損益計算書

	10月		11月	
売上高		8,000		8,000
売上原価				
月初在庫	0		1,000	
当月製品製造原価	6,000		4,800	
計	6,000		5,800	
月末在庫	1,000	5,000	0	5,800
売上利益		3,000		2,200

参考

	10月	11月
売上単価	80	80
売上数量	100	100
製造数量	120	80
月初在庫数	0	20
月末在庫数	20	0
当月製品製造原価		
変動費	30 × 120 = 3,600	30 × 80 = 2,400
固定費	2,400	2,400
計	6,000	4,800
単位製造原価	50	60

図表5－1では，売上高が同じであるにもかかわらず，製品在庫が増えれば利益が多く表示され（10月），在庫が減れば利益が少なく表示されます（11月）。

図表5－2　全部原価計算による損益計算書

	1期	2期	3期
売上高	1,000	800	1,200
売上原価			
期首在庫	0	0	293
当期製品製造原価	800	880	720
計	800	880	1,013
期末在庫	0　　800	293　　587	0　　1,013
売上利益	200	213	187

参考

	1期	2期	3期
売上単価	1	1	1
売上数（台）	1,000	800	1,200
製造数（台）	1,000	1,200	800
期首在庫数	0	0	400
期末在庫数	0	400	0
当期製品製造原価 　変動費 　固定費 　　計	0.4×1,000=400 400 800	0.4×1,200=480 400 880	0.4×800=320 400 720
単位製造原価	0.80	0.73	0.90

図表5－2では，売上高の最も少ない第2期において利益が最大であり，反対に売上高の最も多い第3期において利益が最小となっています。

このように，全部原価計算（財務会計）では，利益の実態が正しくつかめません。経営上の判断を誤ることにもなるのです。

では，伝統的原価計算と在庫の関係はどうなるのでしょうか。

製造業の場合は，ある期間内に販売数量以上に生産すれば，期末の製品在庫が期首よりも増えて財務会計上（決算書上）の利益を大きく表示します。

伝統的な全部原価計算は，在庫増加は経営上プラスになるような計算の仕組みとなっています。しかし，第3章で学んだように，在庫増加はそれだけ資金を寝かせることになるので，経営上はマイナスになるといわざるをえません。

直接原価計算

直接原価計算の登場

直接原価計算は，製造費用を変動費と固定費に分類し，変動費のみをもって製品原価を計算する原価計算の方式です。製造固定費はすべて，期間費用として損益計算書に計上します。したがって，「直接原価計算」という呼称は適当でなく，「変動原価計算」，または「比例原価計算」と呼ぶ方がベターであるという人もいます。

直接原価計算では，利益は売上高に応じて増減します。売上高が変わらなければ利益も変わりません。売上高が増えれば利益も増え，逆に売上高が減れば利益も減ります。ここに，管理会計では直接原価計算方式を採用する根拠があるのです。

直接原価計算ばかりでなく，管理会計では企業が独自に考えて様式などを決めてもよいのです。しかし，この方式は外部公表の決算書や税務

決算書には認められていません。

なお，直接原価計算方式で作成した利益計画は本来内部用です。これを外部報告用に使用する場合には，全部原価計算方式に組み替える必要があります。

直接原価計算の仕組みと業績把握

全部原価計算と対比させるため，図表5－1と図表5－2のデータを用いて直接原価計算を行います。

図表5－3　直接原価計算による月次損益計算書

	10月		11月	
売上高		8,000		8,000
売上原価				
月初在庫	0		600	
当月製品製造原価	3,600		2,400	
計	3,600		3,000	
月末在庫	600	3,000	0	3,000
製造変動利益		5,000		5,000
製造固定費		2,400		2,400
製造利益		2,600		2,600
単位製造原価		30		30

このように，直接原価計算では売上数量（売上高）が一定であれば，月々の生産数量が変化しても利益額は変わりません。

図表5－4　直接原価計算による損益計算書

	1期		2期		3期	
売上高		1,000		800		1,200
売上原価						
期首在庫	0		0		160	
当期製品製造原価	400		480		320	
計	400		480		480	
期末在庫	0	400	160	320	0	480
製造変動利益		600		480		720
製造固定費		400		400		400
製造利益		200		80		320
単位製造原価		0.4		0.4		0.4

　ここでは，製造数量のいかんにかかわらず，売上数量（売上高）によって利益額が決定されることが分かります。第2章で取り上げた利益図および損益分岐点分析は，この直接原価計算方式の上に成り立っているのです。

〈事例研究12〉直接原価計算方式への簡便切り替え
　S社は家具の見込み生産をしている。15期決算では予想外の利益が計算された。しかし，社長は半信半疑であった。そこで担当者に「売上をはじめコストにおいても，14期となんら変わらないのに利益が1.6倍とは納得がいかない」と調査を命じた。担当者は，決算書から直接原価計算書を作成して，利益の過大表示の要因を分析し，利益図と共に社長に提出した。

資料1　比較損益計算書

	14期		15期	
売上高		1,000		1,000
売上原価				
期首在庫	0		0	
当期製品製造原価	750		850	
期末在庫	0	750	142	708
売上総利益		250		292
販売費・管理費		170		170
営業利益		80		122
営業外収益		5		5
営業外費用		20		20
経常利益		65		107

資料2　比較製造原価報告書

	14期	15期
材料費	300	350
外注費	200	250
労務費	130	130
製造経費	120	120
当期総製造費用	750	850
当期製品製造原価	750	850

注：変動費＝材料費＋外注費

〈報告準備〉

図表５－５　変動製品売上原価の計算

		14 期	15 期
①	製造変動費	500	600
②	当期総製造費用	750	850
③	製造変動費率①／②	0.6667	0.7059
④	製品売上原価	750	708
⑤	変動製品売上原価④×③	500	500

図表５－６　固定費の計算

		14 期	15 期
①	労務費	130	130
②	製造経費	120	120
③	販売費・管理費	170	170
④	営業外収益	5	5
⑤	営業外費用	20	20
⑥	計	435	435

注：⑥＝①＋②＋③－④＋⑤

〈社長への報告要旨〉

1　14 期も 15 期も業績は同じである（図表５－７および５－９参照）。

2　財務会計の原価計算では，15 期のように製品在庫が増加すれば利益が過大に表示される。

　　利益の過大表示部分 42（107 － 65）は，製品在庫に含まれる製造固定費が当期の費用から次期（16 期）へ資産として繰り越されたか

第 5 章 利益計画と直接原価計算 —— 143

らである（なお，16期に製品在庫が減少すれば，資産として繰り越されていた製造固定費が費用化されて，その分だけ利益が過小に表示されることになる）。

3　報告添付資料
　① 　直接原価計算方式による損益計算書
　② 　製品在庫増加による利益の過大表示分析
　③ 　利益図

図表5－7　直接原価計算方式による損益計算書

		14期	15期
①	売上高	1,000	1,000
②	変動製品売上原価	500	500
③	変動利益	500	500
④	固定費	435	435
⑤	経常利益	65	65

図表5－8　製品在庫増加による利益の過大表示分析

		14期	15期
①	期末製品・仕掛品在庫	0	142
②	（1－製造変動費率）		0.2941
③	固定費の次期繰越（①×②）		42
④	前期繰越の製造固定費		0
⑤	固定費繰越増減（③－④）	0	42

参考：仕掛品が増加しても，製造固定費が次期へ繰越されるので，同じように計算する。

図表5－9　利益図

14期、15期とも同じ

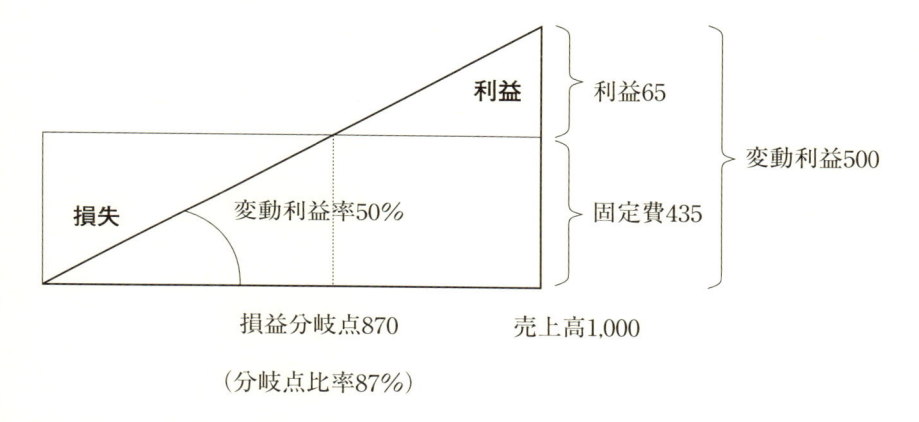

損失　変動利益率50%　利益
利益65
変動利益500
固定費435
損益分岐点870　売上高1,000
（分岐点比率87%）

利益計画と直接原価計算

　損益分岐点分析は，企業の損益分岐点売上高もしくは販売数量などを測定し，収益力判定に役立つ資料を提供するばかりでなく，利益目標の設定に有力なスキルを提供します。本来，直接原価計算の目的は利益計画に役立てることにあるのです。
　第2章の「利益図」の（3式）で，「変動利益＝固定費＋利益」であることを説明しました。
　いま目標利益をPとすると，
　　変動利益＝固定費＋目標利益P
でなければなりません。利益図を描けば，図表5－10のようになります。

図表5−10　計画利益図

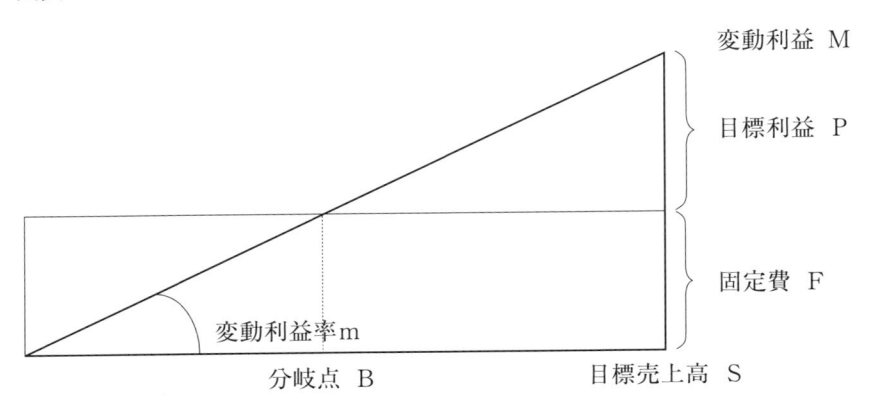

（図）変動利益 M、目標利益 P、固定費 F、変動利益率 m、分岐点 B、目標売上高 S

　目標利益Ｐが確保できる必要売上高Ｓは次のように計算されます。
　M＝S×m＝F＋P
　S＝（F＋P）／m
　このSは、また「繁盛点売上高」ともいわれています。

　要するに、利益を出し、財務体質を強化するには、分岐点Ｂの位置を低くすることです。

　そのための方法が、大きく見て次の３つであることは図表5−10からも明らかです。

① 　mのアップ
② 　Sの増加
③ 　Fの削減

　企業においては、不確定要素が多い中で利益計画は立てられます。したがって、利益計画書ないし利益図は、売上高、変動利益率および固定費がこのような予測値であればという前提に立っているのです。

[演習問題9]

Q社の当期利益予想は次のとおり。来期の経常利益目標を25, 固定費予定を25とすれば, 売上高はいくらなければならないか。変動利益率は, ① 50%と, ② 40%の2案がある。空欄を埋めてください。

利益計画表

	当期予想	来期計画①	来期計画②
売 上 高	100		
変 動 費	60		
変 動 利 益	40		
固 定 費	32	25	25
経 常 利 益	8	25	25

第6章 業務執行の意思決定計数

意思決定のための計数

　企業活動の成果としての利益は，経営者，管理者および社員の日常活動の産物です。したがって，一人ひとりの行動選択にこそ利益の源泉があるといっても過言ではありません。第6章と第7章でとりあげる行動の会計は，日常の仕事の遂行にあたって，習慣的な行動の繰り返しでなく，他の新しいやり方，行動を考えて，どちらが効率的であり，企業により多くの利益をもたらすかを判断する会計数値の計算方法です。

　多くの場合，皆さん方の常識的な考え方では通用しない分野でしょう。ここでは，行動会計の原理原則について初歩的なものを取り上げます。業務で使用する場に直面したら，他の専門書を参考にしてください。

　意思決定の問題は，時間的要素を考えなくてもよいタイプ（短期的意思決定）と，設備投資のように時間的要素を考慮に入れるタイプ（長期的意思決定）の2つに分かれます。

　短期的意思決定は，投資がない場合，たとえ投資してもその影響が1年以内という戦術的（業務執行的）問題での意思決定であることが普通です。

　一方，長期的意思決定は，設備投資，新製品開発投資など，戦略的性格を持っており，非定型的，非反復的なもので，企業の将来構造に関わるものです。したがって，最終的な意思決定権限は経営者（トップ層）に属しています。

意思決定のプロセスと計数

意思決定のプロセスと優先順位
意思決定は次の手順で行われます。
① 何を決定しようとしているのかを明確にする。
② 代替案を探す（現状維持案も代替案の1つです）。
③ 代替案を評価する。
④ 実施する案を決定する。

世間では，代替案なしで無謀な意思決定をしている場合をみかけます。大きな機会損失が発生していることを認識すべきです。

経営の成果は，あくまでも利益の増大です。したがって，金額的にウェイトの大きなものから解決していくことが効果的な行動であり，機会損失も少なくてすみます。

意思決定に使用する原価の概要
代替案を評価・比較して実施案を選択する場合に用いる原価は，固定費か変動費かという分類ではなく，「関連原価」か「無関連原価」かという分類です。

意思決定によって変化する原価が「関連原価」と呼ばれます。また関連原価はキャッシュフローでとらえます。

他方，いずれの代替案を選択しても変化しない原価は「無関連原価」です。この意味は，意思決定によって変化しないキャッシュフローは，意思決定の計算に含めないということです。

無関連原価を代表するものに「埋没原価」があります。これは，すでに原価が発生していて，どの代替案を選択しても回収できない原価です。

さらに，意思決定する上において，常に念頭におかねばならないのが

「機会原価」です。

　ある代替案を選択すると，選択されなかった他の案の利益を失うことになります。この失われた利益のうち最大の利益額を「機会原価」といいます。

　生産能力と需要の間には次の2つの状態が考えられます。需要が生産能力を上回る場合と，生産能力が需要を上回る場合です。

　生産能力＜需要の状況を「手不足状態」，生産能力＞需要の状況を「手余り状態」といいます。この2つの状況の違いで関連原価のとらえ方が違ってきます。

　また，経理部門で作成した経理データをそのまま意思決定に使用すると，多くの場合，間違った判断をすることになります。

　経理データは外部報告用として「公正」，業績評価用として「公平」が要求されていて，「経済性」を主眼とした意思決定用としてはそのまま使用できません。

企業会計と行動会計

　より多くの利益をもたらすかどうかを判断するための数値は，財務会計の資料からは出てきません。期間損益を本質とする企業会計の損益計算書とは別に，プロジェクト計算を本質とする行動会計の損益計算が必要となります。プロジェクトは，その効果を全期間にわたって分析し計算します。

　行動会計での損益数値は，企業会計のそれと本来一致するものです。一致しないのは次のような場合です。

① 　行動会計損益では，行動会計特有の用語である機会原価ないし機会損失の計算を取り入れることがある。

② 　行動会計損益は概算計算である。どっちが得かの判断には細かい

数字は問題にならない。

行動会計では，どちらの案が有利か不利かを判断します。その場合，意思決定に関連して変化する原価（関連原価）のみを比較して判断するのが差額法です。

他方，すべての原価を比較の対象とするのが総額法です。差額で比較する方が計算が簡単で間違いを防ぐことができます。もちろん，差額で比較しても総額で比較しても結論は同じになります。

機会原価と機会損失

機会損失の計算

いま原料Xがあり，これをA製品の生産にもB製品の生産にも用いることができます。A製品を作ればトン当たり12万円の利益，B製品を作れば10万円の利益が得られるとします。もし，B製品生産の機会を選択したとしたら，財務会計上の損益計算書には，黒字10万円が計上されます。行動会計上の機会損益計算ではA製品生産で得べかりし利益12万円が犠牲になっているから，これが機会原価となり，結果として機会損失2万円の赤字であるということになるのです。

図表6－1　一般的な機会損益計算の形式

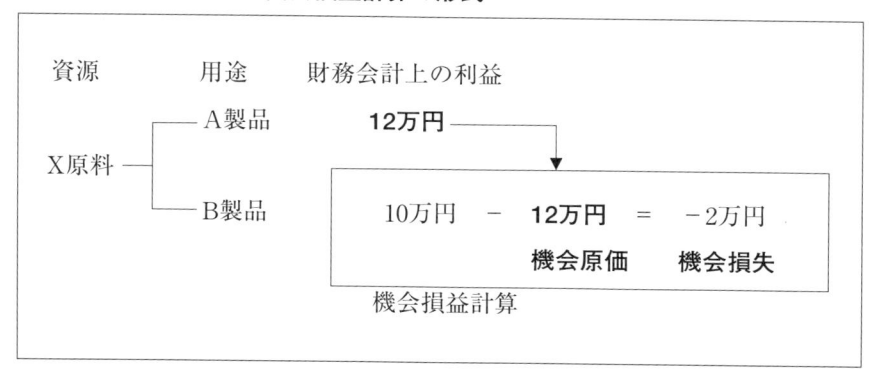

```
資源        用途        財務会計上の利益
          ┌ A製品      12万円 ─────┐
X原料 ─┤                              ↓
          └ B製品      10万円  －  12万円  ＝  －2万円
                                 機会原価    機会損失
                      機会損益計算
```

では，次の場合はどうでしょう。

会議において次の3案の検討をはじめています。

A案は100万円，B案は200万円，C案は300万円それぞれ利益を上げることができるものとします。この場合の各案に対する機会原価（不採用案のうち最大の利益額）は次のとおりです。

採用	自案の利益		機会原価		機会損益	
A案	100	−	300	=	−200	（機会損失）
B案	200	−	300	=	−100	（機会損失）
C案	300	−	200	=	100	（機会利益）

機会思考

それでは，経営者たちは機会についてどう考えているのかをみてみましょう。

まず，土光敏夫元経団連会長は『経営の行動指針』の中で次のようにいっています。

「保守的で防衛的な行動には大きなリスクが存在している。なにもしないでいたり，チャンスを見逃して大きな利益を失っていることが多い。これが機会損失である。この機会損失についてだれも追求しようとしない」

また，リスクと利益の関係について以下のように述べています。

「リスクの大きさと利益の大きさは比例する。リスクが小さければだれでもその機会を追求するから利益も小さい。リスクが大きければだれでも手を出したがらないから得られる利益は大きい。利益とは，リスクに対する対価である」

ソフトバンクの孫正義社長は，米国の情報機器の展示会を買収するのに1000億円投じたときに，危険が大きくないかとの質問に対し次のよ

うに答えています。

「金額の多寡で安全だ，危険だと議論するのは疑問だ。成功の確率が95％以上あれば，1000億円投じても，こんな安全なものはない。おまけに投資額が大きいと決断をためらう企業が多く，ライバルが少なくなるので，この点でも勝算が高くなる。逆に1億円だ10億円だといって，勝ち目の少ないものに投資するのは危険極まりない。このへんを勘違いしている人が多い。中途半端に投資してあっちでもこっちでも事業を失敗して，それでも最初に出した金が惜しいから撤退の決断がつかないで赤字を広げる。こういうのが危険な投資だ」

なお孫社長は，成功の確率についてプロ集団9社に依頼して，徹底的に分析してもらい，じっくり研究してから決断したといいます。

(1995年2月27日「日経産業新聞」)

また，イトーヨーカ堂の鈴木敏文社長は，品切れによる販売機会のロスと売れ残りによる廃棄ロスの削減が質重視時代の決め手であるといっています。その後，イトーヨーカ堂では，ロスによる機会損失が年間1,600億円（税引後利益の3.5倍）生じたと新聞は報じています

(1996年1月11日「日経流通新聞」，1996年8月30日「日本経済新聞」)

なお，同社は「機会利益への挑戦」とか「機会利益を追求しよう」を業務改善推進のスローガンとして掲げてきたことが報じられています。

(「週刊東洋経済」1995年5月27日号)

最後に，ゼネラル・エレクトリックのジャック・ウェルチ会長のあくなき機会利益追求の姿勢を紹介します。

ウェルチ会長は現状や過去の実績に甘んじている限り未来は拓けないといっています。現在，彼は米企業史上最大の品質改善運動（シックスシグマ運動）を実施していますが，この運動によって，2000年までにGEの純利益を50億ドル増やせると確信しています。シックスシグマの

目標水準からみると，現在のGEは効率と生産性の点で，毎年80億から120億ドルを失っている勘定になります。これまでのところ，シックスシグマ運動は驚くほどの成功を収め，ウェルチ会長が当初期待していた以上の成果を上げています。昨年の成果は，3億2000万ドルに相当する生産性向上と利益増大につながりました。これは，1億5000万ドルというウェルチ会長の当初目標の2倍です。ウェルチ会長は，今年はシックスシグマ運動によって7億5000万ドルの利益増の効果があると見込んでいるとのことです。　　　　　（「日経ビジネス」1998年8月3・10号）

　（注）　シックスシグマとは，エラーやミスの発生確率が100万分の3.4回というミスの回数を示す統計用語です。

戦術的問題と意思決定計数

手付金支払後の損得計算

　短期的問題の意思決定計数についていくつかのケースを取り上げます。

　まず，手付金支払後の損得計算を次のケースで考えてみます。

　Aは友人Bから中古パソコンを12万円で譲り受ける約束をし，手付金として2万円を支払いました。それから数日して，別の友人Cがそれと全く同程度のパソコンを9万円で譲ってもよいと言ってきました。

　AがもしCから買うとすれば，Bに払った手付金は没収されます。さてAとしては，どちらから買う方が有利でしょうか。

　まず，図解してみます。

図表6-2　埋没原価の例

Bから買う		Cから買う
残金 10万円	（関連原価） 増分費用	支払額 9万円
手付金 2万円	（無関連原価） 埋没原価	手付損失 2万円

〈総額法による解答〉

　Bから買うとすれば，手付金を含めて結局12万円かかります。一方，Cから買うことにすれば，没収される2万円を含めて結局11万円かかることになります。

　Bから買う場合　10万円＋2万円＝12万円
　Cから買う場合　　9万円＋2万円＝11万円

　したがって，Cから買う方が1万円だけ有利になります。

〈差額法による解答〉

　図からも明らかなように，手付金はどちらを採用しようと関係のない無関連原価です。

　Bから買うことにすれば，これから支払うのは10万円，Cから買うことにすれば9万円であり，増加する費用を比較すればCから買う方が1万円だけ有利になります。いったん手付金を払えば，それ以後の損得を問題にするときは，過去の手付金支出は無関係になるのです。ムダになった手付金は回収不能です。この回収不能コストが埋没原価と呼ばれているものです。

　総額比較も差額比較も同じ結論です。しかし，間違いがなく，計算も速い差額比較の方をお勧めします。

この場合，手付金2万円を一方だけに含めて，

Bのパソコンはあと10万円

Cのパソコンは9万円＋2万円（手付金のムダ）＝11万円

と考えてBを選ぶとしたら，明らかに決定を誤ることになります。原理原則を理解していない人はこのように考えることが多いでしょう。

総額比較の場合，手付金2万円を両案に含めることが瞬時に頭に浮かぶかどうか疑問です。いまとなっては取り返しのつかなくなった過去の投資額を含めて考えるならば，どちらの案にも含めるし，除くならばどちらの案からも除いて考えないと正しい判断はできません。

新製品の生産続行か中止か

S工業は新型機械を開発した。初年度の販売実績は期待外れに終わった。

新型機械に関する初年度の実績は次のとおり。

図表6－3　S工業の初年度P／L　　　　（単位省略）

売上高		30,000
売上原価	22,000	
売上総利益		8,000
販売・管理費	4,000	
営業利益		4,000
開発費償却	8,000	
経常損失		4,000

注：売上原価は材料費と外注費からなる。営業費は新型機械販売に要した費用

そこでトップ陣は，この機械に関する2年度の見通しを営業部長にたずねた。ただちに営業部長から次のような資料が提出された。トップ陣はこの資料に基づき検討中であるが，大半が生産中止に傾いている。

図表6－4　S工業の次年度予定P／L

売上高		36,000
売上原価	27,000	
売上総利益		9,000
販売・管理費	3,500	
営業利益		5,500
開発費償却	8,000	
経常損失		2,500

結論はどうなるのか。

開発費償却は，過去の意思決定の結果発生した原価（埋没原価）です。したがって，いかんともしがたい原価です。そこで，販売続行の場合について図表6－5のように計算します。

図表6－5　新型機械販売による増分利益計算

増分収益		
売上高		36,000
増分費用		
売上原価	27,000	
営業費	3,500	30,500
増分利益		5,500

生産続行により5,500の利益増となるので，結論は生産続行です。もし中止すれば，5,500の機会損失が発生します。埋没原価の取り扱いを誤ると，取り返しのつかないことになります。

帳簿価額にとらわれると判断を誤る

E社はメーカーである。いま返品された製品の取り扱いについて3つの意見が出された。

(営業部長) スクラップとして処分すれば100万円になる。
(工場長) 手を少し加えれば300万円で売れる。部品代などが100万円かかるが差し引き200万円もうかる。
(工場経理課長) この製品の製造コストは250万円であり，さらに工場長のいうとおりにすれば，350万円となる。これを300万円でうれば50万円の損である。

さて，どうすればよいのでしょうか。このような例はよく起こります。まず，3者の意見を整理します。

図表6－6　返品の取扱いについての3つの意見

		A 営業部長	B 工場長	C 経理課長
①	売 上 高	100	300	300
②	追加費用		100	100
③	増分利益	100	200	200
④	帳簿価額	250	250	250
⑤	損　　益	－150	－50	－50

営業部長の論拠　　工場長の論拠　　経理課長の論拠

　帳簿価額は，過去に投下した資金の残骸であり，未来の決定にはまったく関係のない無関連原価（埋没原価）です。損得計算では，無関連原価を除いて判断します。ここでは，A案とB案のいずれを採用するかという問題です。

　差額法により比較すればB案が100万円だけ有利であるということができます。③の増分利益で比較するのが差額法です。

　帳簿価額を含めて総額法で計算しても結論は同じです（⑤欄の損益で

158

比較)。

一般的にいえば,損得計算(行動会計)においては,経理部門の人より営業や工場部門の人のほうが財務会計に染まっていないだけに弾力的な判断ができるようです。

この場合,営業部長と工場長は③欄の増分利益を判断の根拠にしましたが,経理課長は埋没原価である帳簿価額の呪縛から抜けることができず,⑤欄の赤字だけを問題としたのです。

どの製品が儲かるか

2種類以上の製品を生産している工場では,どの製品が儲かっているか,どの製品が儲かっていないかをつかみ,その上で製品の組み合わせや,生産中止などの手を打つことになります。

ある工場で2種類の製品A,Bのデータが下の表の場合,製品別の採算をチェックしてみます。

図表6－7　製品別原価・利益表　　　　　　　　　　　(単位：千円)

製品	売上高	直接材料費	直接労務費	製造間接費	製造原価	工場利益	生産数量
A	1,000	200	200	300	700	300	10
B	1,200	250	400	600	1,250	－50	10
計	2,200	450	600	900	1,950	250	

注:直接労務費は固定費ですが,A,B製品の直接作業時間に基づいて直課され,製造間接費も作業時間に基づいて配賦されたものです

直接労務費直課　A　平均賃率2×100時間＝200
　　　　　　　　　B　平均賃率2×200時間＝400
製造間接費配賦率＝900／直接作業時間300＝3
製造間接費配賦　A　3×100時間＝300

　　　　　　B　3 × 200 時間 = 600

　AとBの1単位当たりの利益は図表6－8のとおりです。

図表6－8　製品別単位当たり利益表　　（単位：千円）

製品	売価	製造原価	工場利益
A	100	70	30
B	120	125	－ 5

　よくある採算計算では，Aは1単位当たり30千円の利益，Bは5千円の赤字であるからAの方が採算がよい。したがって，Bの生産を止めて，Aばかり20単位生産するのがよいというものです。

　この工場は，手余り状態（人も設備も遊んでいる状態）なので，人や設備を増やさないで（したがって，固定費は変わらない）生産することができます。

　ところで，Aに集中したら利益が増加するのでしょうか。結果は図表6－9のようになり，利益は減少しました。

図表6－9　製品Aに生産集中した場合の利益表

製品	売上高	変動費	固定費	製造原価	利益
A	2,000	400	1,500	1,900	100

　それでは，採算が悪いと思われるBだけ20単位生産する場合はどうなるでしょうか。Bに集中した場合の利益表は，図表6－10のとおりです。

図表6－10　製品Bに生産集中した場合の利益表

製品	売上高	変動費	固定費	製造原価	利益
B	2,400	500	1,500	2,000	400

利益は逆に増加しました。どうして，黒字製品を増やすと利益が減少し，赤字製品を増やすと利益が増加するのでしょうか。理由は簡単です。

伝統的な原価計算は，製造にかかわる固定費を製品に割り掛けして原価を計算します。この割り掛け（配賦）された単位原価でもって採算をみるという方法が誤りなのです。

原則の比較手順にしたがって，正しい採算計算をしてみましょう。

まず，関連原価と無関連原価のピックアップです。A，Bのいずれを採用すべきかという場合，関連する原価は材料費（変動費）です。Aを採用すればBの材料が不要となり，Aの材料費は，生産量の増加に比例して増加します。Bを採用すれば，Aの材料費が不要となります。

直接労務費と製造間接費は，期間費用（固定費）です。工場は手余り状態のため，固定費はA，Bの採否いかんにかかわらず一定ですから，無関連原価です。したがって，この場合は固定費は除外して比較します。

正しい計算では，Bの方が採算がよいという結論になります。

図表6－11　採算順位表　　　　　　　　　　　　　　（単位：当たり）

製品	売価	変動費	変動利益	順位
A	100	20	80	②
B	120	25	95	①

このように，手余り状態の場合は固定費が変わらないので，変動利益の増加がそのまま利益の増加ですから，変動利益の多い方が採算がよいという結論になります。

赤字の受注

図表6－7のように製品Aと製品Bを生産しているとき，Bについて10単位（単位当たり100千円）のスポット的な追加注文の打診がありま

した。一般常識では，この受注は製造原価が 125 千円（図表 6 − 8）ですから，単位当たり 25 千円の損であると考えてしまいます。もし，100 千円で受注を引き受けたら，工場利益はどうなるのでしょうか。なお，既存製品 B の受注単価 120 千円は据え置かれるものとします。

さて，追加注文をどのように判断したらよいのでしょうか。

追加受注によって増加する売上高は 100 千円，増加する費用は材料費の 25 千円ですから，単位当たり 75 千円の利益増加となり，引き受ける方が得であるという結論になります。

このように，関連原価のみを取り上げて差額を計算すれば，間違いなく，しかも早く結論を導くことができます。

参考までに，総額比較で採算計算を行ってみます。その結果を図表 6 − 12 に掲げています。

図表 6 −12　追加受注の総額比較　　　　　　　　　　　　　（単位：千円）

製品	売上高	変動費	固定費	製造原価	利益	数量
A	1,000	200	300	500	500	10
B	1,200	250	600	850	350	10
追加 B	1,000	250	600	850	150	10
計	3,200	700	1,500	2,200	1,000	

注：固定費配賦計算
　　配賦率＝固定費 1,500 ／直接作業時間 500 ＝ 3

製品	直接作業時間	配賦額
A	100	300
B	200	600
追加 B	200	600

結論は差額で計算した場合と同じで，赤字と考えていた追加受注が750千円の利益増加をもたらすのです。

追加受注後利益 1,000 − 追加受注前利益 250 = 750

つまり，固定費に変化がない場合，変動費より高い価格の提示であれば，変動利益が増加するので引き受ける方が得だという結論になります。

この原理を知らない経理担当者が，経理データをうのみにして，赤字受注ではダメです，と社長に提言したため仕事が減ってピンチに陥り，身売りしたメーカーがあります。固定費が割り掛けられた単位当たり製造原価を，そのまま採算計算に用いることがいかに危険であるかが分かります。

それでは，B製品の追加受注を断った場合の機会損失はいくらになるでしょうか。

引受前利益 250 − 受注後利益 1,000 = − 750
（採用した方策）　（断念した方策）　　（機会損失）

追加受注による増加利益分だけ儲けそこなったことになります。

なお，価格の決定について，ここでは1つの考え方を紹介しています。

実際に価格の設定をいくらにするかは，多くの条件を考慮する必要があります。

外注は得するか

次に外注について考えてみます。

ある部品を自社で製作するか，外注するかを検討している工場があるとします。自社製作の場合の原価データは図表6−13のとおりです。外注先から提示された見積価格は単位当たり30,000千円です。自社工場が手余り状態とすると，どちらが得でしょうか。

ここまで勉強してくれば，外注の方が単位当たり10,000千円だけ安い

図表6-13　部品原価見積　　　　　　　　　　　　　　　　（単位：千円）

直 接 材 料 費	10,000 × 10 単位	100,000
直 接 労 務 費	2,000 × 10 H × 10 単位	200,000
製 造 間 接 費	1,000 × 10 H × 10 単位	100,000
合　　　　計		400,000
単位当たり原価	400,000 ／ 10 単位	40,000

から外注すべしと考える読者はいないはずです。

　この場合，製造固定費は一定ですから，関連する原価は自作する場合の材料費と外注する場合の外注費です。

　結論は，自作の方が20,000千円の得ですから自作を採用するということになります。外注の場合の増分費用30,000千円に対し，自作の場合の増分費用は10,000千円ですむからです。

手不足工場での採算計算

　これまでは，工場が手余り状態の場合を取り上げてきました。このときは，変動利益の多い製品ほど採算がよいということになっていました。しかし，手不足状態の場合は必ずしもそうではありません。そこでは，関連原価と無関連原価は，必ずしも変動費と固定費の区分と一致しません。変動費が関連原価とならない場合，あるいは固定費が関連原価になる場合もあり注意が必要です。

　機械設備の不足で，3製品とも同じ機械を使用しており，製品の生産が機械作業時間に制約されている工場の場合で考えてみましょう。当該製品について販売上は問題がないものとします。

　手不足状態での製品別変動利益は図表6－14のとおりです。

図表6－14　製品別変動利益　　　　　　　　　　　（単位：当たり）

製品	売価	変動費	変動利益	機械運転H	変動利益H	順位
A	100	20	80	5	16	①
B	120	30	90	10	9	②
C	80	30	50	10	5	③

　この場合の採算順位はA，B，Cになります（もし，これが手余り〔機械作業時間に制約されない〕状態であれば，変動利益の多いものほど有利になるので，採算順位はB，A，Cです）。

　採算の判定基準は時間当たり変動利益の大小です。ここで，機械運転時間の限度が1日60時間とすると，変動利益の合計は次のようになります。

　Aだけ生産する場合　16 × 60 ／ 5 ＝ 192
　Bだけ生産する場合　9 × 60 ／ 10 ＝ 54
　Cだけ生産する場合　5 × 60 ／ 10 ＝ 30

　採算順位はやはりA，B，Cになりました。

　このケースの他には，材料使用量に制約がある場合がありますが，この場合は材料単位当たり変動利益の大小が採算の判断基準となります。要するに，手余り状態か手不足状態か，手不足の場合，制約条件は何かなど，そのときの状況をよくみて採算計算をすることになります。

利益を最大にする製品組合わせ

　製品の組合わせには，原料確保，生産設備能力など，生産上の制約条件があります。

　経営とは，有限なヒト，モノ（原料，機械など），カネを有効に活用することです。しかしながら，利益の増大，具体的には変動利益の最大化

第6章 業務執行の意思決定計数 —— 165

をはかるにはいろんな制約条件があります。

そこで，もろもろの制約条件を考慮しながら，変動利益を最大にする手法として，線形計画法（LP：LINEAR PROGRAMMING，リニア・プログラミング）が登場しました。LP を知らないと利益は半減するといわれるぐらい重要な手法です。

LP は応用分野が広く，生産計画（製品の最適組合わせ），輸送問題（物流コストの最小化など），混合問題（原油の購入と精製，飼料の混合など）など多岐にわたっています。

では，製品の最適組合わせを簡単な例で紹介しましょう。

2種類の原料を用いて2種類の製品 X，Y を生産している工場があります。図表6－15のような条件の下で，利益が最大になるような計画をたてます。

図表6－15　制約条件表

製品	単位当たり変動利益	必要原料 A	必要原料 B
X	5万円	1	2
Y	6万円	1	3
制限使用量（kg／日）		12	32

まず，LP の理解を助けるためにグラフによって解いてみます。

いま，製品 X を x 単位，製品 Y を y 単位作るとすると，1日の生産量は，次のように定式化されます。

制限式 $\begin{cases} x + y \leq 12 & \cdots\cdots① \\ 2x + 3y \leq 32 & \cdots\cdots② \\ x, y \geq 0 & \cdots\cdots③ \end{cases}$

目的関数式　$k = 5x + 6y \rightarrow$ 最大　……④

図表6－16　ＬＰ図

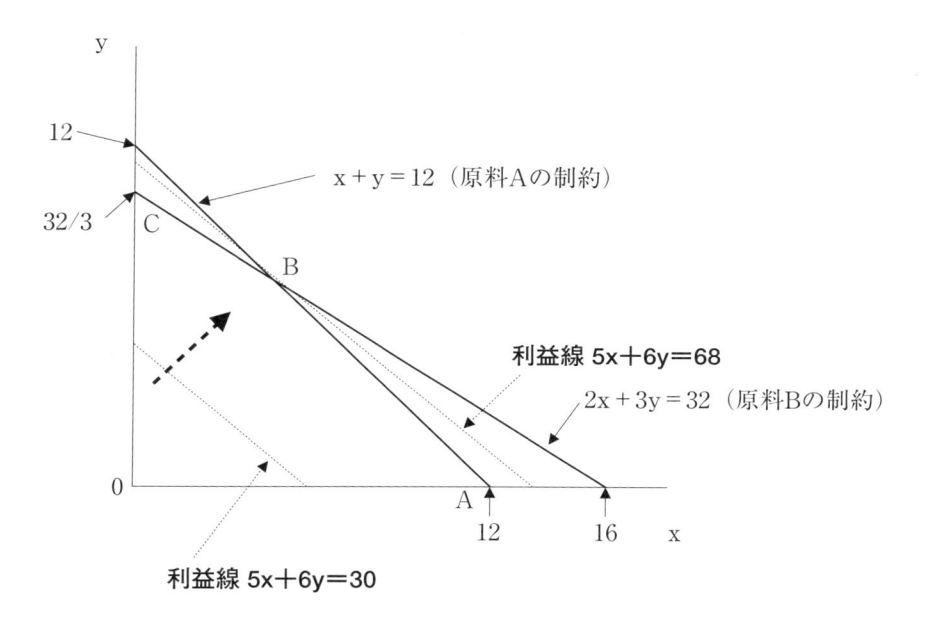

```
y
12
32/3
        C
              x＋y＝12（原料Aの制約）
           B
                    利益線 5x＋6y＝68
                    2x＋3y＝32（原料Bの制約）
0        A
         12    16  x
利益線 5x＋6y＝30
```

　したがって，制限式①～③を満足し，目的関数式④が最大になるように，x，yを決定すれば解答が得られます。
　さて，式①，②，③を表わしたのが，上図の4角形OABCの周上および内部です。ここが生産可能領域なのです。目的関数kに適当な変動利益額を代入して図を描くと，点線のような直線になります。そして，その利益の線は，大きい矢印の方向に上にいくほど利益が多くなることが分かります。
　目的関数kの値をどんどん増加させていくと，ついに座標B（4，8）の点でkの値が68となり，それ以上kを増加させると実行可能範囲を飛び出してしまうことが分かります。したがって，点Bが最適解となります。

すなわち，製品 A を 4 単位，製品 B を 8 単位生産するのが最も利益があり，その場合の変動利益は 68 万円となります（k = 5 × 4 + 6 × 8 = 68）。

　また，この組合わせは x + y = 12，2x + 3y = 32 であるから，資源利用に全くムダがないことも分かります。LP の問題は，上記のように 2 種類の変数の場合グラフを使っても解けるのですが，変数の数が多くなればコンピュータで解くことになります。今はパソコンの表計算ソフトで手軽に解くことができるようになりました。

　なお，LP ではさまざまな制約条件を定式化するので，どこに問題があるのかを知ることもできます。

第7章 戦略的投資の意思決定計数

将来のキャッシュフローと現在価値

将来のキャッシュフローと時間換算

ヒト，モノ，カネという資源を，どのように配分するかは，企業の業績に大きな影響を与えます。なかでも設備投資は，企業の構造を決定します。勘と度胸だけでなく，科学的な方法で検討する必要があります。

第4章では単年度ベースのキャッシュフローを取り上げました。ところが，事業（投資）は長年にわたって継続し，キャッシュフローも数年にわたって生み出されます。そこで，投資の経済計算をする場合には，将来発生するキャッシュフローをどのように扱うかが重要になります。

いまの100万円は，1年後の100万円より価値が高いと直感的に誰でも思っています。これを理論的に考えてみましょう。

いま100万円を定期預金にします。金利を5%とすると，1年後には105万円となります（税金は無視する）。

100万円 × $(1 + 0.05)^1$ = 105万円

将来のキャッシュフローが今日のキャッシュフローより価値が高いと思われる理由は，

① 手元にある現金は，運用することによって現金を増やすことができる。
② 将来の現金は，本当に実現するかどうか不確実（リスクがある）である。

と考えられるからです。

いくつかの投資案について，その有利さを比較，評価するためには，

発生時点が異なるキャッシュフローを時間的に揃えることが必要になります。この場合，異なる時点で生じるキャッシュフローを単純に足したり引いたりするのは合理的でありません。そこで考えられたのが，一定の割引率で割り引いて，ある時点の価値に換算する方法です。一般的には，3つの時点が使われます。

① すべてのキャッシュフローを第0期時点に換算（「現価」と呼ぶ）
② すべてのキャッシュフローを最終期に換算（「終価」と呼ぶ）
③ すべてのキャッシュフローを全期間に均等額として換算（「年価」と呼ぶ）

以下，経済計算上よく使用される現価換算法を中心に説明します。

キャッシュフローの流列

投資経済計算では，毎期のキャッシュフローが期末に発生するものと仮定します。その流れ図は次のとおりです。

図表7－1　キャッシュフローの流列

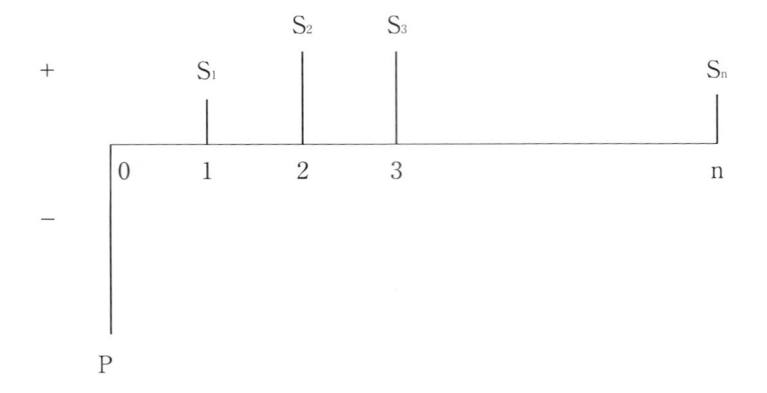

現在価値の計算では，いま現在を0年度とします。図は，投資Pのリターンが1年後にS_1，n年後にS_n発生することを示しています。「＋」

は収入,「-」は支出を意味します。

　第n期の金額Sを第0期の金額Pに時間換算する公式は次のとおりです。

　P = S／(1 + i)^n

　この式は,複利計算の公式（終価への換算式）S = P × (1 + i)^n の逆になります。

　「1／(1 + i)^n」の部分は「現価係数」と呼ばれます。また［S→P］(i, n) という略記号も併用されます（巻末の付表参照）。

　次の例で現価への換算を考えてみましょう。

　いま割引率5%,3年後のキャッシュフロー200を現価に換算すると,

　P = 200 ×［S→P］(5%, 3) = 200 × 0.864 = 172.8

となります。［S→P］の係数は,巻末付表1をみて,iが5%,nが3年のところを探します。

図表7-2　［S→P］(5%, 3) の図解

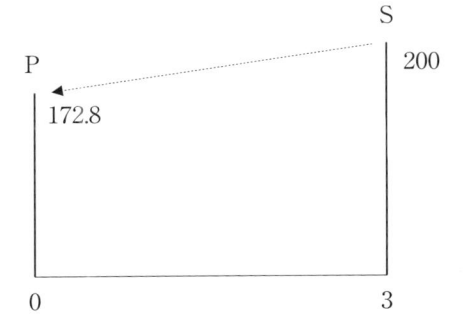

```
         S
P ←······ 200
172.8

0         3
```

[例題4]

キャッシュフロー（CF）が，下表の場合の現価を［S→P］表を使って計算する。割引率は5%。

年度	ＣＦ	現価係数	現価
1	200	0.952	190.4
2	150	0.907	136.0
3	100	0.864	86.4
計			412.8

図表7－3　［S→P］表を使った図

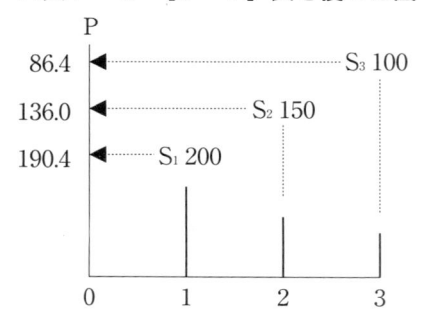

```
   P
86.4 ◄┄┄┄┄┄┄┄┄┄┄┄ S₃ 100
136.0 ◄┄┄┄┄┄┄┄ S₂ 150
190.4 ◄┄┄┄ S₁ 200
       │     │     │
   0   1     2     3
```

[例題5]

年々のCFが下表のように定額の場合の現価を計算する。割引率10%。

① ［S→P］表を使って計算

年度	ＣＦ	現価係数	現価
1	1,000	0.909	909
2	1,000	0.826	826
3	1,000	0.751	751
4	1,000	0.683	683
5	1,000	0.621	621
計			3,790

② ［M→P］表を使って計算

CFが定額の場合は［M→P］表を使えば1回の計算で済みます。

P = M × ［M→P］(10%, 5)

　= 1,000 × 3.791 = 3,791

（注：誤差1は四捨五入の関係から生じている）

図表7－4　［M→P］図

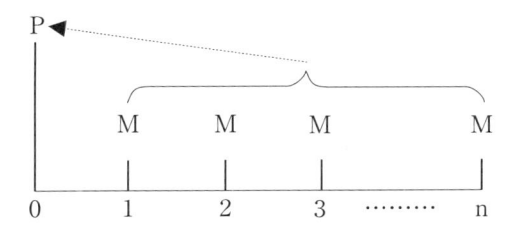

```
P◄┄┄┄┄┄┄┄┄┄┄┄┄┄┄┄
│       M   M   M       M
│       │   │   │       │
0───────┼───┼───┼───────┼
        1   2   3 ……… n
```

年価への換算

耐用年数が違う案を比較するときは，年価法を使うのが便利です。
次の例で考えてみましょう。

ある機械の購入を検討している。A社とB社の見積は図表7－5のとおり。

図表7－5　A社とB社の見積

	A社の機械	B社の機械
購入価格（P）	500万円	600万円
使用年数（n）	5年	7年
年間維持費用（M）	50万円	60万円

どちらの機械も能力的にはほぼ同じです。また機械の残存価値はいずれもゼロ。

いま，割引率を5％とすると，どちらの機械が有利でしょうか。
両機械におけるキャッシュフローの流列は次のようになります。

図表7－6　A社とB社の機械のキャッシュフロー流列

① A社の機械

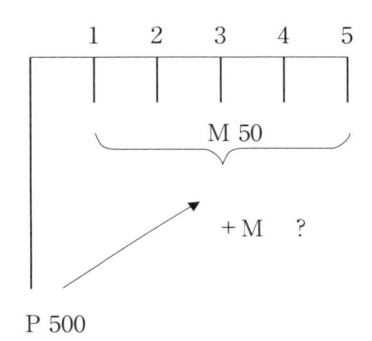

```
       1   2   3   4   5
    ├──┼──┼──┼──┼──┤
           M 50
            ↑
          +M   ?
         ╱
        ╱
   P 500
```

② B社の機械

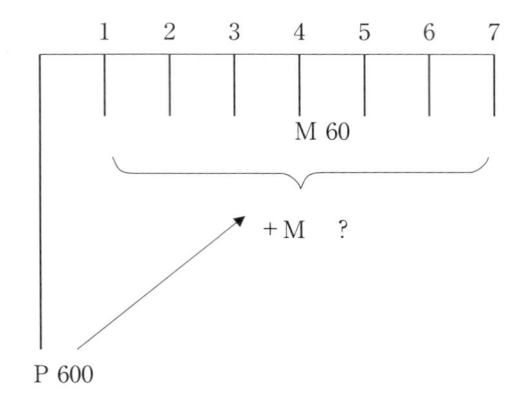

```
       1   2   3   4   5   6   7
    ├──┼──┼──┼──┼──┼──┼──┤
              M 60
               ↑
             +M   ?
            ╱
           ╱
   P 600
```

この例題は，図からも分かるように，それぞれの機械について，支出総額を計算し，少ない方を採用しようとするものです。そのため，購入価格Pを年価Mに換算して，年間維持費に加算します。

① A社の機械

 M ＝ 50万円 ＋ 500万円 ×［P → M］(5％, 5)

 　 ＝ 50万円 ＋ 500万円 × 0.2310 ＝ 165.5万円

② B社の機械

 M ＝ 60万円 ＋ 600万円 ×［P → M］(5％, 7)

 　 ＝ 60万円 ＋ 600万円 × 0.1728 ＝ 163.7万円

B社の機械が年価基準で1.8万円安くなるので，B社の機械が有利であるという判定になります。

165.5万円 － 163.7万円 ＝ 1.8万円

投資評価のための正味現在価値(NPV)法

投資の経済的評価とは，投下した資金と回収する資金を比較することです。

投資評価の最も一般的な方法として，正味現在価値法があります。正味現在価値（NPV：NET PRESENT VALUE，ネット・プレゼント・ヴァリュー）は，将来のリターンの現在価値から投資額を差し引いて求めます。そうして，正味現在価値がプラスであれば，その投資は採算がとれると判定されます。

具体的な例でみてみましょう。

［例題6］初期投資が300，耐用年数5年の投資を検討しています。A案とB案のCFは図表7－7のとおり。割引率10％とすれば，どちらが有利でしょうか。

図表７－７　A案，B案ＣＦ対比表

年度	A案	B案
1	100	20
2	100	50
3	100	100
4	100	150
5	100	180
計	500	500

図表７－８　正味現在価値の計算

年度	現価係数	A案 CF	A案 現価	B案 CF	B案 現価
0	1	－300	－300	－300	－300
1	0.909	100	91	20	18
2	0.826	100	83	50	41
3	0.751	100	75	100	75
4	0.683	100	68	150	102
5	0.621	100	62	180	118
計			79		54

　A案の正味現在価値＝リターンの現在価値合計 379 －投資 300 ＝ 79
　B案の正味現在価値＝リターンの現在価値合計 354 －投資 300 ＝ 54
　したがって，A案，B案とも正味現在価値はプラスであり，いずれも採算がとれますが，ここでは，A案を採用した方が現在価値で 25 だけ有利になります。

このように，正味現在価値法によって，初めて投資の採否についての意思決定が可能となるのです。

なお，A案のリターンは年々定額ですから，[M → P]表を使って現在価値を計算する方が簡単です。

　　100 × [M → P](10%, 5) = 100 × 3.791 = 379

投資評価のための内部利益率(IRR)法

NPV（正味現在価値）がゼロになるような割引率のことを内部利益率（IRR：INTERNAL RATE OF RETURN，インターナル・レイト・オブ・リターン）といっています。与えられたキャッシュフローに対して割引率を決めて現在価値を求めるのがNPV，現在価値をゼロと決めて割引率を求めるのがIRRです。

IRRの算式は，NPVと同じく，将来のキャッシュフローを現在価値に割り引く方法を採用しているので，DCF法（DISCOUNTED CASHFLOW METHOD，デイスカウンテッド・キャッシュフロー・メソッド）と総称されています。

IRRとハードルレート（資本コスト）を比較して，IRRの方が高ければ投資案を採用することになるし，逆にIRRの方が低ければ投資案は棄却されることになります。また，投資案同士の比較も容易に行うことができます。

IRRは，NPVと共に投資の採否を決める場合の優れた判断指標として使用されます。しかし，将来のキャッシュフローを正しく予測することは不可能ですから，この指標を使えば投資は大丈夫ということにはなりません（対応策はこの章の「投資経済計算の留意点」(7) 感度分析を参照してください）。

[例題7] 試行錯誤法における IRR の計算

例題6のB案について，試行錯誤法による IRR の計算をしてみましょう。

図表7－9　試行錯誤法による IRR の計算

年度	CF	14% 現価係数	14% 現価	15% 現価係数	15% 現価
0	－300	1	－300	1	－300
1	20	0.877	17.5	0.870	17.4
2	50	0.769	38.4	0.756	37.8
3	100	0.675	67.5	0.658	65.8
4	150	0.592	88.8	0.572	85.8
5	180	0.519	93.4	0.497	89.4
合計			5.6		－3.8

試行錯誤の結果，IRR は 14% と 15% の間であることが分かります。

次に，B案の IRR を補間法によって計算します。

図表7－10　補間法による IRR の計算

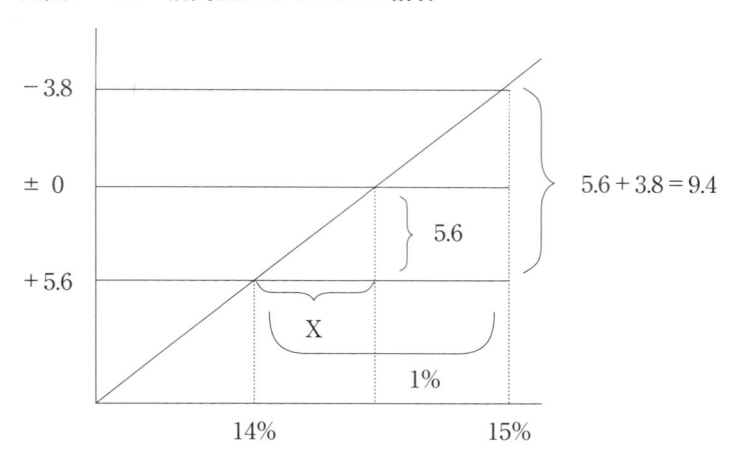

X：1 ＝ 5.6：9.4

X ＝ 5.6／9.4 ＝ 0.6

IRR ＝ 14％ ＋ X ＝ 14.6％

　最近は，パソコンの表計算ソフトで簡単に算出できるようになりました。表計算ソフトで計算したB案のIRRは14.6％となります。なお，A案のIRRは19.9％です。したがって，A案がB案より有利であると判定することができます。

回収期間法

　回収期間法は，回収年数が短いほど経済性が高いとみなす方法です。回収期間（年数）は次式で求められます。

　　回収年数＝投資額／年間キャッシュフロー

　この方法は，設備投資の回収だけを問題とし，回収後のリターンを考慮しないので，便法であるということができます。

　もともと，この方法は，当初の予測が狂った場合に備えて，なるべく早く「もとをとる」方法を選ぼうという発想であって，最有利な案を選ぶということをねらったものではありません。

　実務上は，この方法が多く使われています。しかし，今後EVAが多くの企業に導入されてくると，割引率（＝資本コスト）の設定が容易となり，NPV法などの合理的な方法が普及するでしょう。

資本コスト

資本コストの意味

　資本をある投資に充当すれば，その資本を他に投資する機会を失います。そのため，他の投資から得られるであろう利益が失われるのです。この資本の機会原価（機会費用）を「資本コスト」といっています。

資本コストは，特定の調達コスト（借入金利など）ではなく，運用コストを意味するものです。調達コストは支出額で測定されますが，資本コストは機会費用としてとらえられるのです。

　［補足2］のEVA（経済的付加価値）のところで触れたように，資本コストを下回る新規の投資は許されません。したがって，キャッシュフローを割り引く割引率は，資本コスト率でなければならないのです。これは投資に必要とされる最低の利回り率です。

　この割引率は，理論的には「加重平均資本コスト」のことです。つまり，税引後の負債コスト（利子率）と株主資本コストを借入資本と株主資本で加重平均したものです。

［例題8］加重平均資本コストの計算

　ある企業で資金調達を借入資本4割，株主資本6割で行い，平均負債コスト5％，株主資本コスト10％，実効税率40％とすれば，

$$0.05 \times (1 - 0.4) \times 4 / 10 + 0.1 \times 6 / 10 = 0.072$$

となり，資本コスト（率）は7.2％と計算されます。

　（注）負債コストは，費用として損金計上されます。したがって，実効税率を40％とすると，金利5％は税引後の実質金利3％に相当します。

$$0.05 \times (1 - 0.4) = 0.03$$

株主資本コスト

　株主資本コストを算出することは容易ではありません。CAPM（キャップエム）を使って計算することもありますが，ここでは説明を省略します。

　株主資本コストは，投資家の「期待収益率」と言い換えることができます。株主が企業の発行する株式を購入するのは，株式投資からの期待

収益率が他の資産へ投資するよりも，経済的に満足できると思っているからです。

　株式は価格変動を伴うリスクのある資産です。したがって，株式投資の期待収益率は，危険のない資産（国債）の収益率（リスクフリー・レート）を上回ります。この上回る部分を「リスクプレミアム」といっています。

　したがって，資本コストは，次の2つの要素から成り立っていることが分かります。

時　間　的　価　値 —— ただ待っていれば得られる収益（実際の収益）
リスクプレミアム —— 投資者がとるリスクに応じて追加的に得られる収益（機会収益）

　モトローラは，13.2％を設備投資のハードルレート（資本コスト）としています。その計算根拠は次のとおりです。

基準レート7.2％ ＋ リスクプレミアム6％ ＝ 13.2％
（長期国債利率）　　（株式のコスト）

（1996年1月4日「日本経済新聞」）

投資経済計算上の留意点

(1) リターンの見積り

　経済計算の第一歩は，投資による将来のリターンをキャッシュベースで測定することです。このリターンの見積りに，経済計算の90％位のウェイトを掛けます。

　リターンは，まず償却前利子引前営業利益の段階で測定します（事例研究14参照）。利子引前にするのは，資本調達方法に影響されないところの利益を見積もる必要があるからです。資本コスト（借入資本コストと株主資本コスト）を回収できるかどうかの計算のベースになるリター

ンに資本コストを含めるのは合理的ではありません。

(2) 受取利息・受取配当の未計上

投資経済計算では，リターンの運用を考慮しないので，受取利息・受取配当が計上される余地はありません。あくまでも，営業利益ベースでのキャッシュフローです。

(3) 経済計算の期間設定

税法上の耐用年数ではなく，経済的寿命を期間とします。しかし，経済的寿命の推定は困難です。企業としては，寿命の推定ではなく，投下資金を回収すべき期間を決定することになります。

例えば，販売関連投資は原則10年，製造関連投資は原則5年という期間を設定するわけです。三菱マテリアルの工場新設の場合の設備の回収期間は7年と設定されています（1997年11月24日「日本経済新聞」）。

(4) 割引率（またはハードルレート）の選択

割引率は，その投資のリスクに見合ったものでなければなりません。事業部ごとにリスクを反映した割引率，投資プロジェクトのタイプ別割引率など定性的判断を加えて決めることも必要でしょう。例えば，既存製品の既存生産設備の拡大投資はリスクがやや低いので12％，新技術，新製品の開発投資はリスクが非常に高いので25％に設定するなどありうるでしょう。

なお，ベンチャーキャピタルでは，通常，株式公開によって最低で30％〜40％のリターンが見込める企業を投資対象とするといわれています。

(5) 意思決定の場合の注意事項

投資の判断は複雑で，分析だけでは把握しきれない非金銭的要因も含まれます。

投資の意思決定の良否は，その投資の結果で判断することはできませ

ん。情報の質およびその利用の仕方が適切であったかどうかが問題とされるのです。

　また，政治的理由や利益を度外視した社会的目標を達成するために，リターンのない投資に踏み切る場合，さらに競合企業の市場参入を阻むためなら，たとえ数字の上では正当化できなくても投資する場合もあります。

〈事例研究13〉ロイヤル社長の意思決定
　1970年，大阪万国博覧会での出来事。経済計算では「ノー」と判定された出店を決断し，成功を収めた事例を紹介します。
　米国ゾーンへの出店を辞退したハワード・ジョンソン社の肩代わりに，駐日米国大使館から出店要請を受けたロイヤルは出店の検討をはじめました。収支の試算では，2億円の投資で約4000万円の赤字。会社の利益がやっと1億円の頃だけに，出店は大きなカケになります。
　ロイヤル創業者である江頭匡一社長は，「立ち上げたばかりのセントラルキッチン（集中調理工場）の機能を試す絶好のチャンス。もし赤字が出ても将来の産業化に向けた授業料と思えばいい」と考えて出店を決断しました。
　出店は大成功でした。会場内の各国レストランの中で，会期中（約6カ月）の売上高は1位で表彰されたばかりでなく，味，サービス，雰囲気，衛生においても評判になり，ロイヤルの名前が全国に知られるようになり，全国区の外食産業への転機となったのです。
　　　　　　　　　　　（1999年5月18日「日本経済新聞」「私の履歴書」）
　ロイヤル成功の要因は，事業の長期展望がしっかりしていたことと，それが社員に周知徹底されたことにあります。

（6） 経済計算の対象

設備投資については，すべて経済計算（採算計算）が必要だということはありません。次の場合は経済計算の対象となりません。

① 先行土地取得

この場合は，経営方針や予算枠に基づいて優先順位を決めることになります。

② 損益外投資

経営政策的見地からの検討が必要です。（本社ビル，厚生施設，公害防止投資等）

③ 絶対更新投資

火災，風水害等による設備の更新

つまり，経済計算の対象は，リターンをもたらす損益投資に限られます。

（7） 感度分析

投資プロジェクトの経済計算では，正確さを求めることは無理というものです。諸条件の変化がIRRにどう影響するかを分析することによって，そのことを補うのです。この方法を「感度分析」といいます。

投資実施後に想定した条件が外れた場合に備えて，感度分析を行うことも重要なことです。

〈事例研究14〉投資プロジェクトの経済計算事例

この章の総まとめをかねて，簡単な例で経済計算を行います。

（1） ネット・キャッシュフローの計算

図表7−11 利子引前税引後ネット・キャッシュフローの計算　　（単位省略）

項目	計算過程	0期	1期	2期	3期
収益・費用の見積り					
1　売上高			800	800	800
2　売上原価			500	500	500
3　営業費用（償却前）			100	100	100
4　償却前営業利益	1−2−3		200	200	200
投資額の見積り					
5　営業資金増加		−50			50
6　設備投資		−300			
7　投資額合計	5＋6	−350			50
8　税引前NCF	4−7	−350	200	200	250
税金の計算					
9　償却前営業利益	＝4		200	200	200
10　減価償却費			90	90	90
11　固定資産処分損					30
12　利子引前利益	9−10−11		110	110	80
13　税金	12×50％		55	55	40
14　税引後NCF	8−13	−350	145	145	210

注：① CFはすべて期末に発生するものとする
　　　　税金の支払も期末に行われる
　　② 投資は300，投資効果は3年で終了。処分価値はゼロ
　　③ 減価償却費 300×(1−残存価額0.1)／3＝90
　　④ 固定資産処分損 300−90×3＝30
　　⑤ 3期末に営業資金はゼロとなる
　　⑥ 資本コスト5％
　　⑦ 実効税率50％

(2) 経済計算

図表 7-12　NPV（正味現在価値）の計算

年度	CF	正味現価 現価係数	正味現価 現価
0	-350	1	-350
1	145	0.952	138.0
2	145	0.907	131.5
3	210	0.864	181.4
合計			100.9

図表 7-13　試行錯誤法による IRR の計算

年度	CF	18% 現価係数	18% 現価	19% 現価係数	19% 現価
0	-350	1	-350	1	-350
1	145	0.847	122.8	0.840	121.8
2	145	0.718	104.1	0.706	102.4
3	210	0.609	127.9	0.593	124.5
合計			4.8		-1.3

　試行錯誤の結果，IRR は 18％と 19％の間であることが分かります。表計算ソフトで計算すれば IRR は 18.8％になります。

(3) 経済性の評価

　① （絶対額判定）

　　正味現価はプラスの 100.9。この投資プロジェクトは採算がとれる。

　② （比率判定）

IRR18.8％は資本コスト（ハードルレート）5％を充分クリアーしている。

[補説19] キャッシュフロー期末発生の仮定

この章では，キャッシュフローは期末に発生するという仮定で経済計算を行ってきました。厳密に言えば，キャッシュフローは年度初めに生ずるものと，終わりに生ずるものとでは価値に相違が認められないことはないが，そこまで考慮してもキャッシュフローの予測の不確実性のために，あまり意味があるとはいえません。

[演習問題10]

SプロジェクトのFutureのCFは次のとおり。割引率8％の場合，下問に答えてください。

年度	CF
1	400
2	400
3	400
4	400
5	400

① ［S→P］表を使ってCFを現価に換算する。
② ［M→P］表を使ってCFを現価に換算する。
③ 初期投資Pが1,000のときのNPV（正味現在価値）を計算する。
④ 経済性を評価する。
⑤ 0年度から5年度までのキャッシュフローの流列図を画く。

付表

1 現価係数 [S → P] 表

n＼i	1%	2%	3%	4%	5%	6%	7%	8%	9%	10%
1	0.990	0.980	0.971	0.962	0.952	0.943	0.935	0.926	0.917	0.909
2	0.980	0.961	0.943	0.925	0.907	0.890	0.873	0.857	0.842	0.826
3	0.971	0.942	0.915	0.889	0.864	0.840	0.816	0.794	0.772	0.751
4	0.961	0.924	0.888	0.855	0.823	0.792	0.763	0.735	0.708	0.683
5	0.951	0.906	0.863	0.822	0.784	0.747	0.713	0.681	0.650	0.621
6	0.942	0.888	0.837	0.790	0.746	0.705	0.666	0.630	0.596	0.564
7	0.933	0.871	0.813	0.760	0.711	0.665	0.623	0.583	0.547	0.513
8	0.923	0.853	0.789	0.731	0.677	0.627	0.582	0.540	0.502	0.467
9	0.914	0.837	0.766	0.703	0.645	0.592	0.544	0.500	0.460	0.424
10	0.905	0.820	0.744	0.676	0.614	0.558	0.508	0.463	0.422	0.386

n＼i	11%	12%	13%	14%	15%	16%	17%	18%	19%	20%
1	0.901	0.893	0.885	0.877	0.870	0.862	0.855	0.847	0.840	0.833
2	0.812	0.797	0.783	0.769	0.756	0.743	0.731	0.718	0.706	0.694
3	0.731	0.712	0.693	0.675	0.658	0.641	0.624	0.609	0.593	0.579
4	0.659	0.636	0.613	0.592	0.572	0.552	0.534	0.516	0.499	0.482
5	0.593	0.567	0.543	0.519	0.497	0.476	0.456	0.437	0.419	0.402
6	0.535	0.507	0.480	0.456	0.432	0.410	0.390	0.370	0.352	0.335
7	0.482	0.452	0.425	0.400	0.376	0.354	0.333	0.314	0.296	0.279
8	0.434	0.404	0.376	0.351	0.327	0.305	0.285	0.266	0.249	0.233
9	0.391	0.361	0.333	0.308	0.284	0.263	0.243	0.225	0.209	0.194
10	0.352	0.322	0.295	0.270	0.247	0.227	0.208	0.191	0.176	0.162

2　年金現価係数 ［M→P］表

n＼i	1%	2%	3%	4%	5%	6%	7%	8%	9%	10%
1	0.990	0.980	0.971	0.962	0.952	0.943	0.935	0.926	0.917	0.909
2	1.970	1.942	1.913	1.886	1.859	1.833	1.808	1.783	1.759	1.736
3	2.941	2.884	2.829	2.775	2.723	2.673	2.624	2.577	2.531	2.487
4	3.902	3.808	3.717	3.630	3.546	3.465	3.387	3.312	3.240	3.170
5	4.853	4.713	4.580	4.452	4.329	4.212	4.100	3.993	3.890	3.791
6	5.795	5.601	5.417	5.242	5.076	4.917	4.767	4.623	4.486	4.355
7	6.728	6.472	6.230	6.002	5.786	5.582	5.389	5.206	5.033	4.868
8	7.652	7.325	7.020	6.733	6.463	6.210	5.971	5.747	5.535	5.335
9	8.566	8.162	7.786	7.435	7.108	6.802	6.515	6.247	5.995	5.759
10	9.471	8.983	8.530	8.111	7.722	7.360	7.024	6.710	6.418	6.145

n＼i	11%	12%	13%	14%	15%	16%	17%	18%	19%	20%
1	0.901	0.893	0.885	0.877	0.870	0.862	0.855	0.847	0.840	0.833
2	1.713	1.690	1.668	1.647	1.626	1.605	1.585	1.566	1.547	1.528
3	2.444	2.402	2.361	2.322	2.283	2.246	2.210	2.174	2.140	2.106
4	3.102	3.037	2.974	2.914	2.855	2.798	2.743	2.690	2.639	2.589
5	3.696	3.605	3.517	3.433	3.352	3.274	3.199	3.127	3.058	2.991
6	4.231	4.111	3.998	3.889	3.784	3.685	3.589	3.498	3.410	3.326
7	4.712	4.564	4.423	4.288	4.160	4.039	3.922	3.812	3.706	3.605
8	5.146	4.968	4.799	4.639	4.487	4.344	4.207	4.078	3.954	3.837
9	5.537	5.328	5.132	4.946	4.772	4.607	4.451	4.303	4.163	4.031
10	5.889	5.650	5.426	5.216	5.019	4.833	4.659	4.494	4.339	4.192

3 資本回収係数 [P → M] 表

n＼i	0.5%	1%	1.5%	2%	2.5%	3%	3.5%	4%
1	1.0050	1.0100	1.0150	1.0200	1.0250	1.0300	1.0350	1.0400
2	0.5038	0.5076	0.5113	0.5151	0.5188	0.5226	0.5264	0.5302
3	0.3367	0.3400	0.3434	0.3468	0.3501	0.3535	0.3569	0.3604
4	0.2531	0.2563	0.2594	0.2626	0.2658	0.2690	0.2723	0.2755
5	0.2030	0.2060	0.2091	0.2122	0.2153	0.2184	0.2215	0.2246
6	0.1696	0.1726	0.1755	0.1783	0.1816	0.1846	0.1877	0.1908
7	0.1457	0.1486	0.1516	0.1545	0.1575	0.1605	0.1635	0.1666
8	0.1278	0.1307	0.1336	0.1365	0.1395	0.1425	0.1454	0.1485
9	0.1139	0.1167	0.1196	0.1225	0.1255	0.1284	0.1315	0.1345
10	0.1028	0.1056	0.1084	0.1113	0.1143	0.1172	0.1201	0.1233

n＼i	5%	6%	7%	8%	9%	10%	11%	12%
1	1.0500	1.0600	1.0700	1.0800	1.0900	1.1000	1.1100	1.1200
2	0.5378	0.5454	0.5531	0.5608	0.5685	0.5762	0.5839	0.5917
3	0.3672	0.3741	0.3811	0.3880	0.3951	0.4021	0.4092	0.4164
4	0.2820	0.2886	0.2952	0.3019	0.3087	0.3155	0.3223	0.3292
5	0.2310	0.2374	0.2439	0.2505	0.2571	0.2638	0.2706	0.2774
6	0.1970	0.2034	0.2098	0.2163	0.2229	0.2296	0.2364	0.2432
7	0.1728	0.1791	0.1856	0.1921	0.1987	0.2054	0.2122	0.2191
8	0.1547	0.1610	0.1675	0.1740	0.1807	0.1874	0.1943	0.2013
9	0.1407	0.1470	0.1535	0.1601	0.1668	0.1736	0.1806	0.1877
10	0.1295	0.1359	0.1424	0.1490	0.1558	0.1628	0.1698	0.1770

演習問題解答

問題1解答

4期利益図

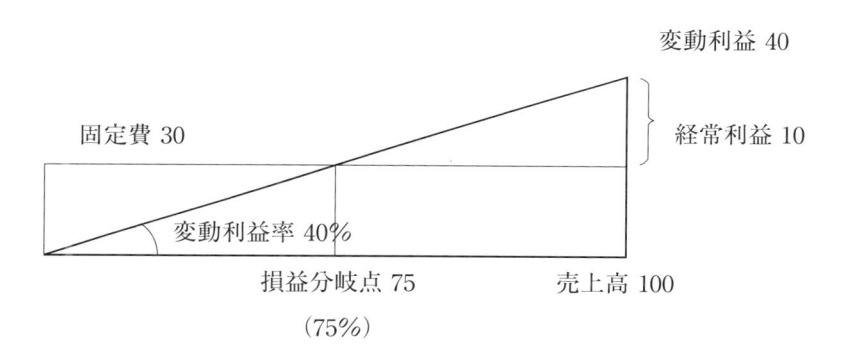

```
                                    変動利益 40
         固定費 30                  ┣ 経常利益 10
    ┌─────────────────┐
    │                 │
    │        変動利益率 40%
    └─────────────────┘
         損益分岐点 75    売上高 100
           (75%)
```

3期利益図

```
                                    変動利益 36
         固定費 30                  ┣ 経常利益 6
    ┌─────────────────┐
    │                 │
    │        変動利益率 40%
    └─────────────────┘
         損益分岐点 75    売上高 90
          (83.3%)
```

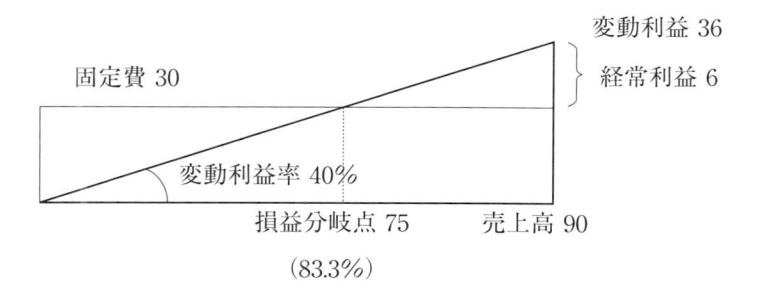

問題 2 解答

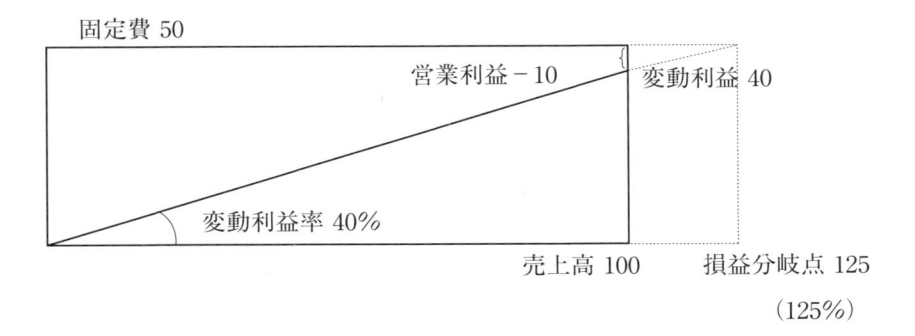

固定費 50
営業利益 −10
変動利益 40
変動利益率 40%
売上高 100
損益分岐点 125
（125%）

問題 3 解答

A社利益図

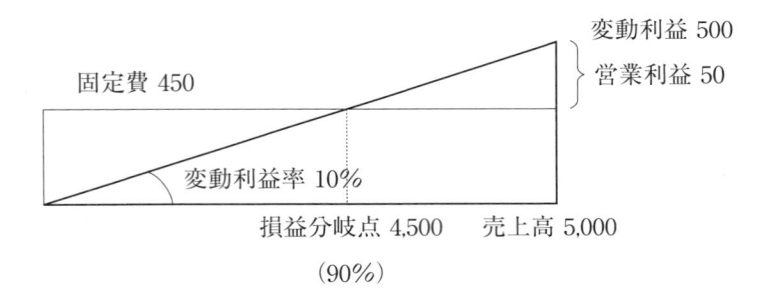

変動利益 500
固定費 450
営業利益 50
変動利益率 10%
損益分岐点 4,500　売上高 5,000
（90%）

K社利益図

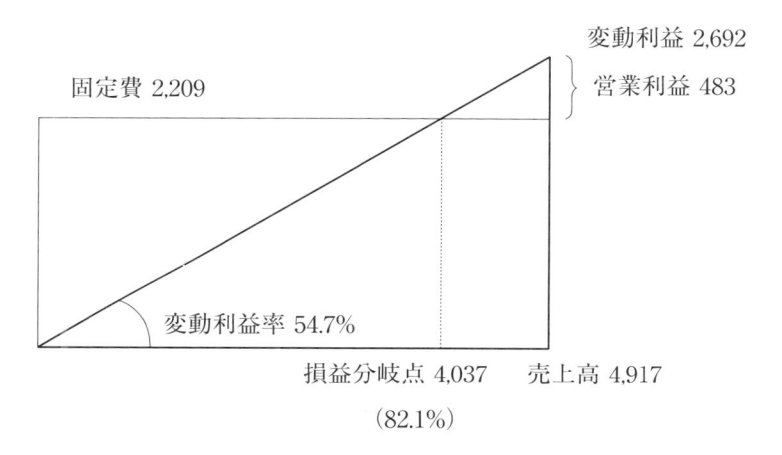

変動利益 2,692
固定費 2,209　　　営業利益 483

変動利益率 54.7%

損益分岐点 4,037　　売上高 4,917
（82.1%）

問題4 解答

1．利益図のパターン

　　卸売業は低固定費（例えばf＝9％）の低変動利益（例えばm＝10％）型

　　製造業は高固定費（例えばf＝44.9％）の高変動利益（例えばm＝54.7％）型

2．収益率

　　卸売業は低マージン（例えばm＝10％）低収益率（例えば営業利益率＝1％）の薄利多売経営

　　製造業は高マージン（例えばm＝54.7％）高収益率（例えば営業利益率＝9.8％）の高付加価値経営

問題5 解答

1．計算　　変動利益＝1,000－800＝200
　　　　　　変動利益率＝200／1,000＝0.2（20％）

固定費 = 110 + 2 − 12 = 100
損益分岐点比率 = 100 ／ 200 = 0.5（50％）
損益分岐点 = 1,000 × 0.5 = 500

2．利益図

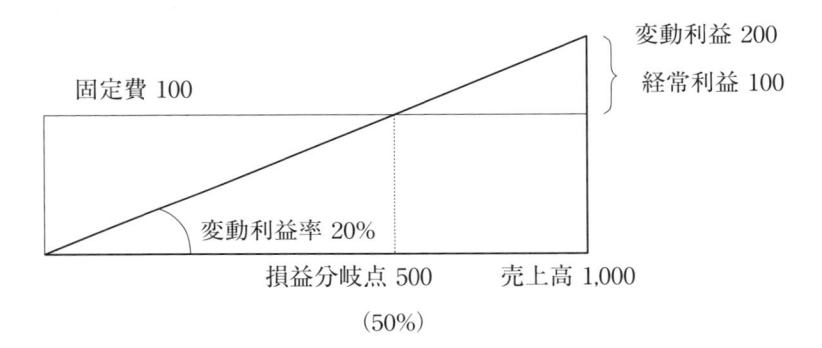

変動利益 200
経常利益 100
固定費 100
変動利益率 20％
損益分岐点 500
（50％）
売上高 1,000

問題6解答

1．① 固定費
　② 変動利益
　③ 経常利益（または利益）
　④ 損益分岐点売上高
　⑤ 売上高
2．① 変動収入
　② 経常収入超過
　③ 収支分岐点
　④ 売上高

問題 7 解答

(1) 利益図

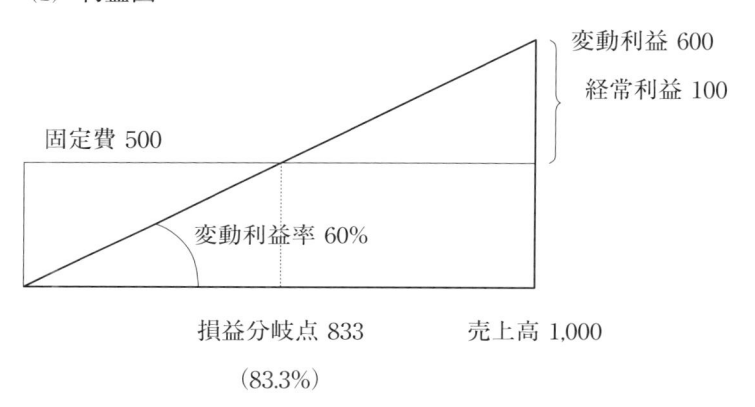

変動利益 600
経常利益 100
固定費 500
変動利益率 60%
損益分岐点 833
（83.3%）
売上高 1,000

(2) 経常収支図

収支分岐点＝（固定費 500 －減価償却費 30 －期首営業資金 50）
　　　　　／（変動利益率 0.6 －期末営業資金比率 0.1）
　　　　＝固定支出 420 ／変動収入率 0.5 ＝ 840
変動収入＝売上高 1,000 ×変動収入率 0.5 ＝ 500
経常収支差額＝変動収入 500 －固定支出 420 ＝ 80

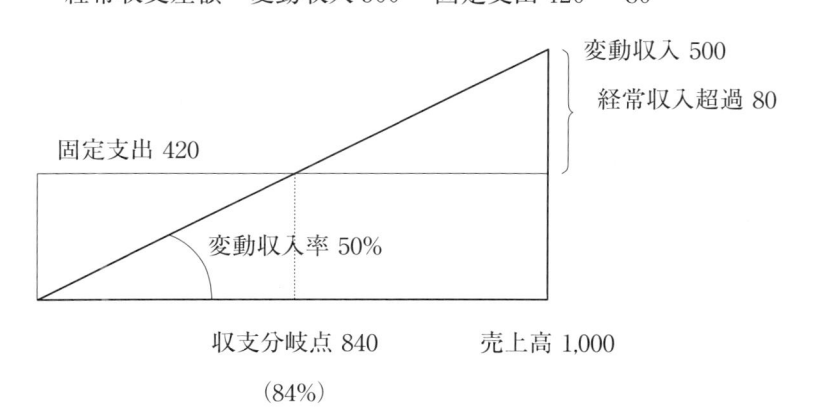

変動収入 500
経常収入超過 80
固定支出 420
変動収入率 50%
収支分岐点 840
（84%）
売上高 1,000

問題 8 解答

経常収入超過 80 ＝経常利益 100 ＋減価償却費 30 －営業資金増加 50

問題 9 解答

	当期予想	来期計画①	来期計画②
売上高	100	100	125
変動費	60	50	75
変動利益	40	50	50
固定費	32	25	25
経常利益	8	25	25

① 売上高（S）の計算

　　変動利益＝固定費 25 ＋経常利益 25 ＝ 50

　　S ×変動利益率 0.5 ＝変動利益 50

　　S ＝ 50 ／ 0.5 ＝ 100

　　変動費＝売上高 100 －変動利益 50 ＝ 50

② 売上高（S）の計算

　　変動利益＝固定費 25 ＋経常利益 25 ＝ 50

　　S ×変動利益率 0.4 ＝変動利益 50

　　S ＝ 50 ／ 0.4 ＝ 125

　　変動費＝売上高 125 －変動利益 50 ＝ 75

問題10解答

① ［S→P］（8％，5）による現価換算

年度	CF	現価係数	現価
1	400	0.926	370.4
2	400	0.857	342.8
3	400	0.794	317.6
4	400	0.735	294.0
5	400	0.681	272.4
合計			1,597.2

② ［M→P］（8％，5）による現価換算
  $400 \times [M \to P](8\%, 5) = 400 \times 3.993 = 1,597.2$

③ NPVの計算
  NPV ＝現価合計ＰＶ 1,597.2 －投資Ｐ 1,000 ＝ 597.2

④ SプロジェクトはNPVがプラスであり，採算は十分とれる。

⑤ キャッシュフロー流列

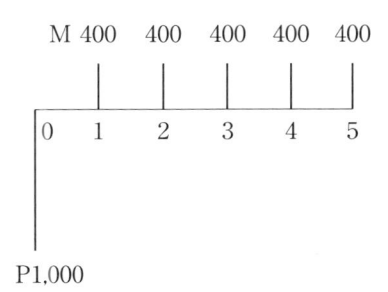

```
M 400   400   400   400   400
  |     |     |     |     |
0   1     2     3     4     5

P1,000
```

おもな参考文献

第1章
藤原銀次郎『福澤先生の言葉』（実業乃日本社）1966
岩堀安三『偉才小林一三の商法』（評言社）1980
稲盛和夫『稲盛和夫の実学　経営と会計』（日本経済新聞社）1998
P. F. ドラッカー著，野田一夫，村上恒夫訳『創造する経営者』（ダイヤモンド社）1974
P. F. ドラッカー著，上田惇生他訳『未来企業』（ダイヤモンド社）1992
司馬遼太郎『坂の上の雲』（文藝春秋社）
樋野正二『松下経理大学の本』（実業乃日本社）1982
竹井出版・「致知」編集部『安岡正篤とその弟子』（竹井出版）1987
仁平和夫訳『進化する経営　GE会長ウェルチ語録』（日経BP出版センター）1995
ピーターズ著，井原三知輔訳『ROI経営実践法』（ダイヤモンド社）1981
株式会社グロービス『MBAマネジメント・ブック』（ダイヤモンド社）1997
伊藤邦雄訳『企業評価と戦略経営（キャッシュフロー経営への転換）』（日本経済新聞社）1997
スターンスチュワート社稿「価値創造経営におけるEVAの経済的意義と業績評価尺度としての有効性」企業会計　1999. 11号

第2章
吉村威稿「実践着眼　計数教室」（田辺経営出版部）1974. 9. 25号他
P. F. ドラッカー著，野田一夫，村上恒夫訳『創造する経営者』（ダイヤモンド社）1974

第3章
国弘員人『収支分岐点新講』（ダイヤモンド社）1973
吉村威稿「経営速報　収支図表他」（田辺経営出版部）1976. 4. 15号他
松谷義範『経営思想とその計数的展開　経営論文集Ⅲ』（モンジュ社）1978
中沢恵・池田和明『キャッシュフロー経営入門』（日本経済新聞社）1998

第4章
企業会計審議会『連結キャッシュ・フロー計算書等の作成基準の設定に関する意見書』1997

第5章
通商産業省産業構造審議会『技術者のための原価計算』（日刊工業新聞社）1976

吉村威『計数に強くなる本 生産編』（田辺経営出版部）1981
溝口一雄『新版例解原価計算』（中央経済社）1965
第6章，第7章
今坂朔久『行動会計』（日本能率協会）1978
土光敏夫『経営の行動指針』（産業能率大学出版部）1984
ダイヤモンド・ハーバード・ビジネス編集部『キャッシュフロー経営革命』（ダイヤモンド社）1997
グロービス・マネジメント・インスティテュート『MBAファイナンス』（ダイヤモンド社）1999
千住鎮雄・伏見多美雄『新版経済性工学』（日本能率協会）1980
伏見多美雄『企業の経済分析』（中央経済社）1979
伏見多美雄『経営の経済性分析』（白桃書房）1995
井手正介，高橋文郎『ビジネス・ゼミナール企業財務入門』（日本経済新聞社）1997

　本書をまとめるにあたって，以上の図書の他，「日本経済新聞」，「週刊東洋経済」，「週刊ダイヤモンド」を参考にさせていただきました。著者の方々に深謝いたします。

　なお，本文の中で，藤原銀次郎著『福澤先生の言葉』の一部を引用させていただきましたが，著作権継承者である藤原有三氏の消息がつかめぬまま出版することにしました。故藤原銀次郎氏に深く感謝の意を表わすとともに，もし継承者がおられましたらご一報下さるようお願いする次第です。

吉村威（よしむら・たけし）　1934年11月佐賀県生まれ。長崎大学経済学部卒。西島製作所，田辺経営・経営コンサルタント（経理専門部長），ユニック取締役経理部長等を歴任。現在，キャム顧問。キャム（CAM：コンピュータ・アンド・マネジメント）において，コンピュータ会計システム（財務会計と管理会計の統合システム）の構築支援とシステム導入後の活用指導及び教育研修に従事。著書に『計数に強くなる本　生産編』（田辺経営出版部，1981年）がある。

［連絡先］〒810－0041　福岡市中央区大名2丁目4－30　西鉄赤坂ビル10F
　　　　　株式会社キャム
　　　　　TEL 092－716－2131　FAX 092－726－4402
　　　　　E-mail:yoshimura@cam-net.co.jp

経営計数が分かれば会社は伸びる

2000年4月10日第1刷発行

著者　吉村　威
発行者　西　俊明
発行所　有限会社海鳥社
〒810－0074　福岡市中央区大手門3丁目6番13号
電話092(771)0132　FAX092(771)2546
印刷・製本　有限会社九州コンピュータ印刷
ISBN 4－87415－306－2
［定価は表紙カバーに表示］